エイミー・モーリン
長澤あかね・訳

メンタルが強い人がやめた13の習慣

講談社+α《プラスアルファ》新書

きのうの自分よりよくなりたい、と努力しているすべての人に

はじめに

私が23歳のとき、母が突然、くも膜下出血で亡くなった。

健康で、頑張り屋で、はつらつとしていた母は、この世で過ごす最後の瞬間まで、人生を愛していた。亡くなる前の晩にも、私たちは会っていた。一緒に高校のバスケットボール大会を観戦していたのだ。母はいつものようによく笑い、よくしゃべり、人生を謳歌していた。それなのに、わずか24時間後には、もういないなんて。

母の死は私に、とてつもないショックを与えた。母のアドバイスや笑い声や愛情なしに、いったいどうやって残りの人生を生きていけと言うのだろう?

当時の私は、地域のカウンセリングルームでセラピストとして働いていたのだが、そっと悲しみと向き合おうと2~3週間お休みをもらった。自分の気持ちの整理がつかなければ、他人の力にはなれやしない、とわかっていたからだ。

母のいない人生に慣れるなんて一足飛びにはいかないし、簡単なことではなかったけれど、何とか元気になろうと努力した。セラピストとしての経験上、私は知っていた。時間が悲しみを癒やすわけじゃない。傷が癒えるスピードを決めるのは、時間をどう過ごすかなのだ、と。じっくり悲しむことで、いずれ痛みが引いていくことを、私はよく知っていた。だから、あえて悲しみ、怒り、母の死によって自分が本当に失ったものは何なのかをしっかり受けとめることにした。

事は母がいなくて寂しい、というだけではない。私の人生に何が起ころうと、母がそばにいてくれることは二度とないし、母自身がずっと楽しみにしてきたこと――たとえば、リタイアして孫の顔を見ることなど――が実現することも絶対にない。そう気づくと、悲しみがどっとあふれ出した。それでも、友達や家族の支え、神への信仰のおかげで、何とか心の平和を見出すことができた。そして、人生が流れていくうちに、母のことも、身を切るような痛みではなく笑顔で思い出すことができるようになった。

月日が流れ、母の3回目の命日が近づいてきたある日のこと。夫のリンカーンと、母をどんなふうに偲ぼうかと話し合っていた。その頃、「土曜の夜、バスケの試合を観に行かない？」と友人たちに誘われていたのだけれど、会場はたまたま、私たちが最後に母に会った体育館だった。

「あの場所に戻るなんて、どんな気分かしらね？」

結局、「バスケの試合を観るのはお母さんの人生を偲ぶいい方法かもしれない」という結論に至った。私にとって、あの晩の母との思い出は素晴らしいものだったから。大笑いし、ありとあらゆる話ができて、どこからどう見ても最高の夜だったから。あの晩母は姉について、「きっと今の彼と結婚するわよ」と予言までしてみせた。数年後、その通りになった。

そういうわけで、リンカーンと私は体育館へ向かい、仲間たちとなごやかな時間を過ごした。「お母さんならきっと喜んでくれている」と思えたし、思い出の場所に戻っても、大丈夫な自分がうれしかった。ところが、ようやく母の死を乗り越えられそうだ、とホッとひと息ついたそのとき、私の人生はまた大混乱に陥ることになる。

バスケの試合を観て家に戻ると、リンカーンが「背中が痛い」と言い出した。夫は何年か前に、車の事故で頸椎を何本か骨折していたので、痛みはそう珍しいことではなかった。だが、ほんの数分後には、ばたりと倒れてしまったのだ。夫はすぐに救急車で運ばれ、彼の家族も緊急治療室に駆けつけた。どこが悪いのか、私には見当もつかない。

緊急治療室の待合所で何分間か過ごした後、私たちは個室へ呼ばれた。そこで医師が口を開く前に、私はもう何を告げられるのかを知っていた。

「ご主人は亡くなりました。心臓発作でした」

母の3回目の命日を偲んだその週末に、私は未亡人になってしまった。いったいどういうこと？　リンカーンはまだ26歳で、心臓には何の問題もなかったのに。今ここにいた彼が、次の瞬間にはもういないなんて、どういうことよ？　母のいない生活になじもうともがいている最中なのに、今度はリンカーンのいない人生に向き合わなくちゃいけないなんて。今度こそどうやって乗り切ればいいのか、想像もつかなかった。

とうてい何かを決められる状態ではないのに、選ばなくちゃならないことが山のようにある。夫が亡くなって数時間もたたないうちに、葬儀の手配から新聞に載せる死亡記事の文面に至るまで、ありとあらゆることを決めなくちゃならない。状況を現実として受けとめる時間など、どこにもない。ひたすら圧倒されているほかないのだ。

ありがたいことに、私の人生には支えてくれる人たちがたくさんいた。悲しみを乗り越える旅は一人旅だけど、優しい友達や家族の存在は、確実に力になってくれる。少し楽になった気がする時期も、さらにつらくなる時期もあった。「だんだん楽になってきたな」と思えた頃に、またひとつ壁を乗り越えた先に、どうしようもない悲しみが待ち受けていたこともある。悲しみとは感情的、精神的、肉体的にくたくたに、へとへとになるプロセスなのだ。

その上、悲しくなることはいくらでもあった。リンカーンをとても愛していた家族を思うと、悲しかった。リンカーンが経験できなかったあらゆることが悲しくて、二人で一緒にやれなかったあらゆることが虚しかった。何より、彼がいないことが寂しくてならなかった。

私は、できるだけ長く仕事を休んだ。あの数ヵ月のことは、ぼんやりとしか思い出せない。毎日ただ片方の足をもう片方の足の前に出すだけで、精一杯だったから。それでも、一生休んでいるわけにもいかない。生活の糧がひとつになった以上、職場に戻るほかないのだ。


休職しだして何ヵ月か過ぎた頃、上司から「いつ頃戻れそうかな？」と電話をもらった。私の患者さんたちは、「先生は家庭の事情で、いつ戻れるかわかりません」とだけ聞かされていた。ざっくりとした期限すら伝えられなかったのは、私も上司も先行きが読めなかったからだ。とはいえ、そろそろ答えを出さなくてはならない。

母を亡くしたときと同じように、真っ向から悲しみと向き合う時間を、自分に与えなくちゃならなかった。悲しみから目を背けたり、追い払うことなどできやしない。痛みを経験しながら、懸命に自分を癒やしていくしかないのだ。

自分を哀れんでどっぷりネガティブになり、過去の思い出にしがみついていたほうが楽だったかもしれないけど、それは健全じゃない、とよくわかっていた。私は、長い道のりを歩き始める決心をしなくてはならなかった。自分の力で、新しい人生を歩んでいく決心を。

まずは、リンカーンと二人で立てた目標を、今後一人でも目指していくのか、決めなくてはならない。私たちは数年前から里親としての活動をしていて、いずれは養子を迎えるつもりでいた。けれど、一人になった今も、私は子どもを迎えたいのだろうか？

一人になった以上は、自分自身の目標を持たなくてはならないだろう。私は思い切って外へ飛び出し、新しいことにチャレンジすることにした。バイクの免許を取った。執筆も始めた。最初はおおむね趣味として書いていたけれど、そのうち副業のひとつになった。

周りの人たちとの関係も、仕切り直さなくてはならなかった。リンカーンの友達の誰が今後も私の友達でいてくれるのか、そして、リンカーンの家族とどんな関係を築いていけるのか、見極めなくてはならない。ありがたいことに、彼の親しい仲間の多くが、その後も私の友達でいてくれる。そして彼の家族も、私を家族の一員として扱ってくれている。

4年ほどたった頃、私は新しい恋を見つけることができた。というより、新しい恋が私を見つけてくれた、と言うべきかもしれない。私はそれなりに独りの生活に慣れ始めていたのだけど、スティーブと出かけるようになると、すべてが変わっていった。彼とは長年の知り合いだったが、友情がゆっくりと恋に変わり、いつの間にか二人で未来を語り合うようになっていた。自分がもう一度結婚するなんて夢にも思わなかったけれど、スティーブとなら、そうするのが自然なことのように思えた。

リンカーンとの結婚式のパロディになりそうな、フォーマルな式はしたくなかった。招待客は花嫁姿を喜んでくれるに違いないけど、同時にリンカーンのことを思い出して、悲しくなってしまうだろう。自分の結婚式をしめやかな日にしたくはないので、スティーブと私は、一風変わった式を挙げることにした。駆け落ちよろしく、二人でこっそりラスベガスへ飛んで、愛と幸せいっぱいの楽しい時を過ごしたのだ。


結婚して1年ほどたった頃、リンカーンと暮らした家を売って引っ越しをした。姉や姪たちの家にほど近いその住まいは、新たなスタートを切るチャンスをくれた。私は忙しい医療現場で働き始め、スティーブと「これからが楽しみだね」と言い合った。人生がうまく回りだしたかに見えた頃、幸せへの道は、またしても意外な展開を見せ始めた。スティーブの父親のロブが、がんの宣告を受けたのだ。

医師たちは当初、「治療すれば、数年間はがんを抑えられるでしょう」と話していたけれど、2〜3ヵ月後には、数年どころか1年も生きられそうにないとわかった。いくつかの治療法を試してはみたけど、どれもあまり効果はなかった。時間がたつにつれて、医師たちの戸惑いは増していき、7ヵ月ほどたった頃には、もう打つ手がなくなっていた。

その知らせは、私をとことん打ちのめした。ロブは本当に、元気いっぱいだったから。「あれ？　耳に何かついてるよ」と言って、子どもの耳の後ろから25セント玉を出す手品をしてみせるようなおじさん。これまでの人生で一番笑える話をいくつも聞かせてくれたのもロブだった。ロブはミネソタ州、私たちはメイン州と離れて暮らしていたけど、しょっちゅう顔を合わせていた。仕事をリタイアしたロブは、わが家に何週間も滞在できたからだ。「私の一番好きなハウスゲストはお父さんよ」と、私はいつもジョークを飛ばした。基本的にうちに泊まっていく人は、彼しかいなかったからだ。

それにロブは、物書きとしての私の一番のファンでいてくれた。テーマが子育てでも心理学でも、私が書くものには必ず目を通し、たびたび電話でアイデアをくれたものだった。72歳とはいえ若々しくて、重い病気にかかるようにはとても見えなかった。その前の夏まではバイクで全米を横断し、スペリオル湖を一周し、自慢のオープンカーのルーフを全開にして田舎を旅していたのだから。それが今では病に冒され、「もう治る見込みはない」と告げられている……。

このときはそれまでとは違った形で死と向き合わなくてはならなかった。母やリンカーンの死はまさに青天の霹靂だったけど、今回は警告をもらったのだ。

恐怖心でいっぱいになった。「あぁ、まただー」と心の中で叫んでいる自分がいた。あのとてつもない喪失感を、また一から味わうなんてごめんだ。こんなのおかしすぎる。同世代の友達は、まだ誰も亡くしていない人が多いのに、何で私ばかりが大切な人を何人も失わなくてはならないのだろう？　私は考え込んでいた。何て不公平なの？　どこまでつらい思いをしなくちゃならないの？　こんなことにならなかったら、どんなによかっただろう……。

ただし、そんな思いに身を委ねちゃいけないことも、よくわかっていた。そもそも初めての経験じゃないし、いずれまた立ち直れるはずだ。「自分だけがひどい目に遭っている」とか「もう一度誰かに死なれたら、立ち直れない」と思い込んだところで、何の助けにもならない。それどころか、現実に対処しようとする自分の足を引っ張るだけだろう。

そういうわけで、私はどっかりと腰を下ろし、「メンタルの強い人がやめた13の習慣」というリストをつくった。深い悲しみのかげに姿を現す13の習慣と、私はずっと闘っていた。こうした心のクセに牛耳られてしまうと、元気になろうとする努力に水をさされてしまうからだ。

当然かもしれないけれど、それは私が、セラピーで言っていたことそのものだった。それでも書き出すことは、私がブレずに歩いていくために必要だった。リストは自分がそうと決めれば「メンタルの強い人間になれる」と、思い出させてくれた。そう、私は強くなる必要があった。リストをつくった数週間後には、ロブが亡くなってしまったから。

心理療法士《サイコセラピスト》は患者さんの成長のために、その人が取るべき行動やできることをアドバイスし、メンタルの力をはぐくむ手助けをすることで知られている。でも、「メンタルの力」にまつわるこのリストを作成したとき、私はある決心をした。いつの間にか身につけてしまった悪しき習慣をしばらく慎もう、と。そうして「すべきこと」よりも「すべきでないこと」に重点的に取り組むうちに、大きな変化が現れた。

良い習慣はたしかに大切だけれど、私たちが持てる力をフルに発揮できない理由は往々にして、悪い習慣にある。世の中のありとあらゆるよい習慣を身につけたところで、悪い習慣を温存していたのでは、目標になかなか到達できないだろう。こう考えてみてはどうだろう？

あなたの一番悪い習慣が、あなたの価値を決めている、と。

悪い習慣とは、身体に重しを巻きつけて一日中ズルズル引きずっているようなもの。重しはあなたのスピードを鈍らせ、くたくたにし、いらいらさせるだろう。どんなに才能にあふれ、努力していても、自分の足を引っ張るような思考や行動や感情をそのままにしていたのでは、100パーセントの力を発揮するのに四苦八苦する羽目になる。

ある男が、毎日ジムに行く決心をしたとしよう。連日2時間ほど汗を流し、トレーニングを細かく記録して、進歩がわかるようにした。半年が過ぎたというのに、あまり変化はなかった。男は体重も減らず、筋肉も増えないことにいらいらしだした。そして、友達や家族に不満を漏らすようになった。「何でやせないんだろう？」。何しろ、トレーニングを休んだ日はほとんどないのだから。

だが男は、あることを忘れていた。毎日ジムからの帰り道に、車の中でおやつを食べていたことを。身体を鍛えたあとは猛烈におなかが空いたから、つい自分にこう言い聞かせていたのだ。「ハードなトレーニングをした自分へのごほうびさ！」。というわけで、毎日帰り道にドーナツを1ダース、たいらげていたのだった。

ばかばかしいでしょ？　でも私たちの誰もが、こんな行動を取っている。自分をよくしようとさまざまな努力をしながらも、その努力に水をさす事柄を放ったらかしにしている。

今から紹介する13の習慣を慎むことは、悲しみを乗り越える助けになるだけじゃない。こうした習慣を手放すことが、メンタルの力をはぐくむのだ。メンタルの力は、人生のあらゆる問題——大きなものから小さなものまで——と向き合うのに欠かせない。あなたの目標が何であれ、メンタルが強くなれば、持てる力をフルに発揮できるようになるだろう。

メンタルが強い人がやめた13の習慣　目次

00「メンタルの力」とは？

世の中には、メンタルの強い人と弱い人がいるわけではない。どんな人でもそれなりにメンタルの力を持ち合わせてはいるけど、常に改善の余地がある、ということ。では、「メンタルの力をはぐくむ」とは、どういうことだろう？　それは、どんな状況においても、自分の感情や思考の手綱を握り、前向きな行動を取る力を高めることをいう。

ほかの人より体力がつきやすい人がいるように、それほど苦労しなくてもメンタルの力がつきやすい人もいる。メンタルが強くなりやすい人には、いくつかの要因がある。

遺伝——気分障害のような心の問題を抱えやすいかどうかには、遺伝子が関わっている。

性格——物事を現実的にとらえ、前向きな行動を取りやすい性格特性を、生まれながらに持っている人たちもいる。

経験——人生で経験したことが、自分自身やほかの人たち、世の中全般に対する考え方に影響を及ぼしている。

言うまでもなく、こうした要因の中には、変えられないものもある。つらい子ども時代を消すことはできないし、遺伝的にＡＤＨＤ（注意欠如・多動性障害）を発症しやすいとしても、自分ではどうすることもできないだろう。

だからといって、メンタルを強くするのは不可能というわけじゃない。本書を通して、自分を改革するエクササイズに時間とエネルギーを費やすなら、どんな人でもメンタルの力を高めることができる。

メンタルの力を支えるもの

人づき合いが苦手な男性がいたとしよう。不安をなるべく抑えたくて、男性は同僚との会話を避けるようになった。無口になると、同僚たちも話しかけてこなくなり、男性は「ぼくは何て人づき合いが下手なんだ」と思い込んだ。するとますます、人に話しかけるのが不安になり、不安が募れば募るほど、同僚を避けたくなった。こうして、延々と悪循環に陥った。

メンタルの力を理解するには、思考と行動と感情がいかにリンクしているかを知らなくてはならない。今挙げた例のように、その３つが絡み合ってひどい状態に陥ることも多いのだ。そういうわけで、メンタルの力をはぐくむには、３方向からのアプローチが欠かせない。

1．思考――根拠のない思い込みを特定し、より現実的な思考に置き換える。
2．行動――どんな状況でも、前向きな行動を取る。
3．感情――感情に支配されないよう、自分が感情の手綱を握る。

私たちは常に耳にしている。「ポジティブに考えよう」と。でも、持てる力を100パーセント発揮するには、楽観主義だけでは足りないのだ。

私はヘビが怖い。でもその恐れは、まったくばかげている。私の住むメイン州には、野生の毒ヘビなど一匹もいないからだ。たまにヘビに出くわすと心臓が口から飛び出しそうになって、一目散に駆け出したくなる。たいていはダッと駆け出す前に、「怖がる根拠はどこにもないよ」と合理的思考になだめられ、大パニックから抜け出せる。合理的思考を抱けば、ヘビのそばを歩くことだってできる。むろん、つかまえたり撫でたりはしたくないけど。

合理的思考を抱き、心穏やかなときには、人生最良の決断ができるだろう。ほんのしばらく、立ち止まって考えてみてほしい。かんかんに腹を立てているとき、あなたはどんな行動を取っている？　おそらく、あとで「しまった！」と思うような言動をしているはずだ。それは理屈じゃなくて、感情に根ざした言動を取ってしまったから。

とはいえ、私たちはロボットじゃなくて人間だから、合理的思考だけを頼りに選択しても、よい決断は下せない。身体をコントロールするには、心と頭が仲良く協力し合わなくてはいけないのだ。

私の患者さんの多くは、「自分の思考や感情や行動の手綱を握るなんて、できるのかしら？」と自分の力を疑っている。「感情をコントロールするなんてムリ」「頭の中を駆け巡る、ネガティブ思考を追い出すなんてできない」「目標を達成する意欲が持てない」と彼らは言う。

でも、メンタルの力をはぐくめば、それができるようになる。穏やかな感情と合理的思考に根ざした行動を選ぼう。

メンタルの力にまつわる8つの真実

メンタルの力をめぐっては、さまざまな誤解や誤った情報が飛び交っている。そこで、メンタルの力にまつわる8つの真実を紹介したいと思う。

1．**メンタルが強いこととと、タフにふるまうこととは違う。**メンタルが強いからといって、ロボットのように感情を抑えたり、肉体的にタフに見せる必要はない。メンタルの力とは、自分の価値観に従って行動できる力のことだ。

2. メンタルを強くするために、感情を無視する必要はない。メンタルの力を高めることと、感情を抑えることとは違う。メンタルの力を高めるとは、自分の感情への意識を研ぎ澄ますこと。感情が思考と行動にどんな影響を及ぼすのかを読み取り、理解することだ。

3. メンタルを強くするために、身体をマシンのように扱う必要はない。メンタルの強さとは、身体を極限まで追い込んで「痛みなど感じない」と示すことではない。メンタルの力とは、自分の思考と感情をよく理解し、それに反する行動を取るべきときと、耳を傾けるべきときを判断する力のことだ。

4. メンタルが強いからといって、すべてを自分でやる必要はない。メンタルが強いことは、「誰の助けも要らない」と宣言することではない。「自分がすべての答えを持っているとは限らない」と認め、必要なときには助けを求め、「大いなる力から助けを得られる」と認めることは、さらに強くなりたい、という意思表示なのだ。

5. メンタルが強いことと、ポジティブ思考とは違う。過度にポジティブに考えるのは、過度にネガティブな思考を抱くのと同じくらい害が大きい。メンタルの力とは、現実的、合理的に考える力をいう。

6. メンタルの力をはぐくむのは、幸せを追い求めることとは違う。メンタルが強いと人生への満足度も高まるが、毎朝目覚めて無理やり幸せを感じようとするのとは違う。メンタルの力とは、持てる力をフルに発揮できるような決断をする力のことだ。

7．「**メンタルの力」は、ウケ狙いの心理学の最新トレンドではない。**フィットネスの世界が今はやりの食生活やエクササイズで満ちているように、心理学の世界も一瞬ですたれる「最高の自分になるためのアイデア」で満載だ。それでも、メンタルを強くするのはトレンドではない。心理学の分野は1960年代からずっと、人々が思考、感情、行動を改めるすべを学ぶサポートをしてきたのだから。

8．**メンタルの力は、心の健康とイコールではない。**医療業界は往々にして、「心の健康vs.心の病」というくくりで話をするが、メンタルの力はそれとは違う。糖尿病のような病気を抱えていても、体力がある人もいる。それと同じように、うつ病や不安といった心の病を抱えていても、メンタルを強く保つことはできる。心の病があっても、悪い習慣にはまるとは限らないのだ。それどころか、健全な習慣をはぐくむ道を選ぶこともできる。人一倍の努力や目的意識、取り組みが必要にはなるが、決してムリな目標ではない。

メンタルの力を高める3つのメリット

何もかも順調なときに心を強く保つのはそう難しくはないけれど、人生にはトラブルも起こる。仕事を失う、自然災害に遭う、家族の誰かが病気になる、愛する人が亡くなる……。

メンタルが強ければ、人生の試練に対処できるしメリットもある。

1．**ストレスに強くなる。** メンタルの力は、危機の真っただ中にいるときだけでなく、日常生活でも役に立つ。問題に効率的・効果的に対処する態勢が整い、ストレス自体が減る。

2．**人生への満足度が高まる。** メンタルの力が高まると、自信が持てるようになる。自分の価値観に従って行動できるので、心穏やかになり、人生で本当に大切なものがわかる。

3．**業績が上がる。** よい親になる、職場の生産性を上げる、スポーツで記録を伸ばすなど、目標が何であれ、メンタルの力が高まれば、持てる力をフルに発揮できるようになる。

メンタルの力をはぐくむコツ

本を1冊読んだだけで、何かのエキスパートになることはできない。トップアスリートは、競技についての本を読んで一流になったわけじゃないし、トップミュージシャンも、誰かの演奏を聴いただけで、才能を伸ばしたわけじゃない。そう、訓練しなくては始まらないのだ！

このあとに続く13のやめるべき習慣は、読者のみなさんに「〜していますか？」「していませんか？」と尋ねるチェックリストのつもりで書いたのではない。誰もが時折はまり込んでしまうありふれた思考習慣について、詳しく書いたつもりだ。あなたがそんな落とし穴にはまることなく、人生の試練にうまく向き合うコツを、お伝えできたらと思う。

これは、成長し、向上し、きのうの自分よりほんの少しよくなりたいと努力している、あなたのための本なのだ。

01「自分を哀れむ習慣」をやめる

ジャックが事故に遭ってから数週間、母親は「おぞましい出来事」について語らずにいられなかった。来る日も来る日も、スクールバスにひかれたとき、息子の両足がどんなふうに折れてしまったのかを、つぶさに語り続けた。その場にいなくて守ってやれなかったことが後ろめたくてならない。車椅子に乗る息子を何週間も見ているのも、耐え難かった。

医師たちは「いずれ全快するでしょう」と言ったのに、母親は「完全には治らないかもしれないわ」と繰り返した。後遺症が残った場合に備えて、「二度とほかの子と同じようにサッカーをしたり駆け回ったりできないかもしれない」と、息子に伝えておきたかったのだ。

医師たちは学校に戻る許可を与えたけれど、母親は仕事を辞め、年末まで自宅で勉強を教えることにした。毎日スクールバスを目にし、あの音を聞くことで、いやな思い出がどっと蘇るのではないか、と心配したからだ。

ジャックはたいてい午前中に勉強をすませ、午後から夕方にかけてはテレビを観たり、ゲームをして過ごした。すると、数週間のうちに、様子が変わってきた。元気で明るい子だったのに、いらいらして悲しい顔を見せるようになったのだ。「思ったより事故のトラウマが大きいのかもしれない」と思った両親は、ジャックを連れて、子ども時代のトラウマを専門とする有名なセラピストの元を訪れた。

母親に車椅子を押されて診察室へ入ったジャックは、黙ってうつむいた。すると母親が口を開いた。「あの事故に遭ってからというもの、私たちは大変な思いをしてきたんです。生活はめちゃくちゃになり、ジャックは傷ついてすっかり変わってしまったわ」

母親が驚いたのは、セラピストが同情しなかったこと。その代わり、熱くこう言ったのだ。「ジャック、あなたに会うのを楽しみにしていたのよ！　スクールバスをやっつけた子に会うなんて、初めてだもの！　教えてくれる？　いったいどんなふうにスクールバスとけんかになって、勝ったのかしら？」。事故に遭ってから初めて、ジャックはにっこりと笑った。

それから数週間、ジャックはセラピストと一緒に本をつくり、「スクールバスのやっつけ方」という素敵なタイトルまでつけた。それは、思いがけずスクールバスとけんかになってしまったけど、何本か骨を折っただけですんだ、という素晴らしい物語だった。

バスのマフラーをぎゅっとつかんだら、ぶるんぶるんと振り回されたけど、身体のほとんどをひかれずに守ることができた――と、ジャックは物語を面白くふくらませた。たしかに枝葉の部分はちょっぴり大げさだけど、物語の幹の部分は真実だった。そう、強い子だから、ジャックは生還できたのだ。その本は、自画像で締めくくられている。最後に、スーパーヒーローのマントをはおって車椅子に座る、自分の絵を描いたのだった。

セラピストは、両親にも治療を受けてもらった。骨折だけですんでどんなにラッキーだったかに、気づいてもらおうと。それから、「ジャックをふびんに思うのをやめましょう」とアドバイスした。「逆境を乗り越える力を持った、心身ともに強い子どもとして扱ってください」と。たとえ足が元通りにならなくても、事故で「できなくなったこと」ではなく、「できること」に家族で目を向けてほしいから。

セラピストと両親は、学校の先生やスタッフと協力して、ジャックが学校へ戻れるよう段取りをした。まだ車椅子に乗っていたので、設備を整えてもらったほか、生徒や先生たちが彼を哀れむことがないよう準備した。つまり、ジャックが自分の本をクラスメイトと一緒に読めるようにしたのだ。そうすればジャックは、どうやってスクールバスをやっつけたかを話すことができるし、子どもたちも、彼を哀れむ理由などないことに気づくからだ。

なぜ、「かわいそうな私」にひたるのか?

私たちの誰もが、人生で苦しみや悲しみを経験している。悲しみはごく当たり前の健全な感情だけど、悲しみや不幸にくよくよといつまでもこだわっていたら、自分をだめにしてしまうだろう。次の文章の中に、自分に当てはまるものはないだろうか?

□ 私ほど苦労を抱えている人はいない、と考えがちだ。
□ 私はいつだって悪運をつかんでしまう。
□ 私のトラブルだけが、あっという間にふくらんでいく気がする。
□ 私の人生が本当はどれほど大変か、誰もわかっていない。
□ 自分の問題についてじっくり考えるために、レジャーや人づき合いを断ることがある。
□ その日うまくいったことよりも、うまくいかなかったことを話すことが多い。
□ 「不公平だ」と、よく愚痴をこぼしている。
□ 感謝すべきことを見つけるのに苦労することがある。
□ ほかの人たちは、私より楽な人生を送っていると思う。
□ 世の中が私をやっつけようと必死になっているのではないか、と思うことがある。

自分を哀れむことは、自分をだめにすること。哀れんでいるうちに、考え方も行動も変わってしまうからだ。だが、自分で手綱を握る生き方を選ぶこともできる。状況は変えられなくても、自分の姿勢を変えることはできるのだ。

自分を哀れんでもいいことなんてないのに、なぜ、わざわざそんなことをするのだろう？「私ってかわいそう」という思いにひたるのは、なぜこんなにたやすく、心地よいのだろう？

自分を哀れむ、というわなにはまるのは、いとも簡単だ。自分を哀れんでいる限り、本当に恐れているものと向き合わずにすむし、自分の行動に責任を負わなくてもいい。自分をふびんに思っていれば、時間稼ぎができるのだ。行動を起こし、前進する代わりに、状況がどんなにひどいかを大げさに語っていれば、改善のために何もしていない自分を正当化できる。

関心を引く手段として、自分を哀れむ人もたくさんいる。「かわいそうな私」を演じていれば、親切で優しい言葉をかけてもらえるだろう。少なくとも最初のうちは。拒絶されるのが怖い人たちにとって、自分を哀れむことは、それとなく助けを求める手段なのかもしれない。

悲しいことだけど、不幸は道連れをほしがる。つらい身の上話は次第に不幸自慢に変わり、とびきり大きなトラウマを抱えた人が、勝利のバッジを得ることになる。また、自分を哀れむことは、責任逃れの言い訳にもなる。「こんなにつらい人生を送ってるんです」と上司に訴えるのは、「あまり期待しないでほしい」という思いからかもしれない。

自分を哀れんでいるうちに、世の中に反抗的な態度を取り始める人もいる。「こんな目に遭わせるなんてひどい!」と宇宙に毒づけば、何かが変わるかのように。

だけど、世の中はそんなふうに動いてはいない。神さまが——人間でもいいけど——さっと舞い降りてきて、「みんな、配られたカードは公平かい?」などと確認してはくれないのだ。

「自分を哀れむ習慣」の問題点

自分を哀れむことは、自分をだめにすること。いずれ新たな問題を生み出し、深刻な結果をもたらし、充実した人生を送ることはできない。その理由は、次の通りだ。

1. 時間のムダだから。自分を哀れむには、心のエネルギーが大量に必要だが、状況を変える力にはまるでならない。たとえ問題を解決できなくても、トラブルに前向きに対処することはできるはずだ。自分を哀れんでも、解決には一歩も近づけない。

2. ネガティブな感情がふくらむから。自分を哀れむ気持ちに支配されると、怒り、敵意、寂しさがわいてきて、さらにネガティブな思いがかき立てられる。

3．それが現実になるから。自分を哀れんでいると、哀れな人生を送る羽目になる。力をフルに発揮できなくなり、さらにトラブルと失敗を重ね、さらに自分を哀れむことになる。

4．ほかの感情と向き合えないから。自分を哀れんでいると、嘆き、悲しみ、怒りといったほかの感情と向き合えない。状況をありのまま受けとめず、「なぜこの状況がいやなのか」ばかり考えていると、癒やされず前進できない。

5．人生のよい面を見落とすから。その日よいことが5つ、悪いことがひとつあったとしよう。自分を哀れむ習慣があると、悪いことだけに目が向き、人生のよい面を見逃してしまう。

6．人間関係を妨げるから。被害者意識は、魅力的ではない。「ひどい人生を送っているの」と愚痴ってばかりいる人は、周りをいらいらさせる。「いつもかわいそうな自分をアピールしているあなたが大好き！」と言ってくれる人は、一人もいない。

行動で気分を変えよう

メンタルの力をはぐくむための、3方向からのアプローチを覚えているだろうか？　自分を哀れむ感情を和らげるには、自分を哀れむ行動を改め、自分を哀れむ思考にひたるのをやめなくてはいけない。ジャックの場合は、テレビやゲームにふける生活を改めることだった。同年代の仲間と過ごし、以前と同じようにできること——たとえば、学校へ行く——を再開する必要があった。両親も考え方を改め、息子を被害者ではなく生還者だと思うようになった。思考を改めると、両親は、自分たちを哀れむ気持ちを感謝に変えることができた。

リンカーンが亡くなって4ヵ月後、彼の家族と私は、彼が27歳になるはずだった日を迎えようとしていた。いったいどんなふうに過ごせというのだろう？　私は何週間も前から、その日が来るのを恐れていた。こんな光景を思い浮かべていたからだ。みんなで輪になって座り、ティッシュボックスを回しながら、愚痴り合うのだ。「何て不公平なの！　27歳の誕生日を迎えられなかったなんて……」

ようやく勇気をふりしぼって、姑《しゅうとめ》に「どんなふうに過ごしましょうか？」と尋《たず》ねたところ、彼女はきっぱりと言った。「スカイダイビングはどう？」

最高なのは、彼女が本気だったこと。たしかに、カッコいい飛行機からひらりと舞い降りるのは、愚痴大会よりよっぽどいいアイデアだと思った。冒険好きだったリンカーンを偲ぶ、これ以上の方法はないような気もする。彼は新しい人や新しい場所と出会い、新しいことをするのが大好きだったから。週末にふらりと旅に出て、夜行便で戻ったその足で出勤……なんてこともざらにあった。「旅の思い出に比べたら、翌日仕事がキツいくらい何でもないよ」と話していたものだ。リンカーンなら、大喜びでスカイダイビングをしていただろう。

飛行機からダッと飛び降りながら、自分を哀れむことなどできない。もちろんパラシュートを忘れたら、話は別だけど。

私たちはスカイダイビングを思うさま楽しんだあと、これを恒例行事にした。毎年リンカーンの誕生日には、人生と冒険を愛した彼を偲んで、わくわくするような体験をすることにしたのだ。サメと泳いだり、ラバの背に乗ってトコトコとグランドキャニオンの谷底まで下りてみたり、空中ブランコのレッスンを受けたことまである！

毎年、家族みんなで「リンカーンの誕生日の冒険」に参加するのだ。リンカーンのおばあちゃんも、最初の何年かはカメラを抱えて見ていたけれど、数年前には88歳にして初めて、ジップライン（訳注：木々の間に張られたワイヤーロープに滑車をかけて滑り降りるアトラクション）で空高く飛んだ。私が再婚してからもこの行事は続き、夫のスティーブも参加している。実のところ、今では毎年、みんながこの日を心待ちにしている。

故人の誕生日を楽しんで過ごすという選択は、悲しみに背を向けたり、覆い隠すのとは違う。「人生がくれる贈り物を味わう」という選択であり、「めそめそしない」という意思表示だ。「失った」と自分を哀れむのではなく、持っていたものに感謝することを、私たちは選んでいる。

自分を哀れむ気持ちが人生にそっと忍び込もうとしているのに気づいたら、努めて自分の気持ちと裏腹な行動を取ってほしい。何も飛行機からジャンプする必要はない。ささやかな行動の変化が、大きな変化をもたらすこともある。いくつか例を挙げてみよう。

1．**意義あることに参加する。**自分の問題を忘れられるし、ほかの誰かの力になれば、気分も晴れる。困っている人たちのための炊き出しを手伝ったり、老人ホームでお年寄りと過ごしているときに、自分を哀れむ気分にはならないだろう。

2．**とにかく親切にする。**ご近所の芝生を刈る、地元の動物保護施設にペットフードを差し入れるなど、どんなことでも！　善い行いは一日を有意義なものにしてくれる。

3．**アクティブになる。**心身を動かせば、ほかのことに目を向けられる。運動する、講座に申し込む、本を読む、新しい趣味を始めるなど、行動を変えれば姿勢を変えられる。

感情を変えるカギは、どんな行動が自分を哀れむ気持ちを消してくれるのかを知ること。試行錯誤する日もあるだろう。ひとつのやり方が、みんなに効くとは限らないから。

今していることが効果を生まないなら、何か新しいことをしてみよう。望ましい方向に一歩踏み出さない限り、今いる場所を抜け出すことはできない。

現実的に考えよう

どんな状況にも、たいていプラスの面が見つかるだろう。たとえば、「両親が離婚して一番よかったことは？」と子どもたちに尋ねると、ほとんどの子が言う。「クリスマスプレゼントが増えること！」。どう考えても、離婚がよいことをたくさん生み出すとは思えないけど、プレゼントが2倍になってラッキー、と思う子がいるのも、ささやかなプラスの面だ。

状況を違った目で見ることが、たやすいとは限らない。とくに愚痴大会を主催したい沈んだ気分のときは。でも、次の自問で、ネガティブ思考を現実的な思考に変えられる。

1．この状況を、別の視点で見るとどうなる？　要するに、「グラスに水が半分しかない」のか「半分もある」と考えるのか、という話だ。「半分しかない」と考えているなら、少し時間を取って、「半分もある」と考える人なら同じ状況をどう見るか、考えてみよう。

2．大切な人がこの問題を抱えていたら、何とアドバイスする？　人は、自分を励ますより、他人を励ますほうが得意なものだ。「最悪の人生だね。何をやってもうまくいかない」などと友達に言うだろうか？　おそらくこう励ますはずだ。「そのうちやるべきことが見えてきて乗り越えられる。絶対に大丈夫」。その賢いアドバイスを、自分にもしてあげよう。

3．この状況を克服できる根拠はある？　自分を哀れむ気持ちは、問題に対処する自信のなさから生まれる。「絶対に乗り越えられない」と感じたら、問題を解決したり、悲惨な出来事に対処した経験を思い出そう。自分の能力や得られるサポートを振り返れば自信がわいて、自分を哀れむ気持ちは消える。

状況を勘違いさせるような思考にふければふけるほど、気分は悪くなるだろう。自分を哀れむ気持ちにさせる、よくある思考には、次のようなものがある。

□ あとひとつでも問題が増えたら、対処しきれない。
□ よいことは、いつだってほかの誰かに起こる。
□ 悪いことは、いつだって私に起こる。
□ 私の人生は、悪くなる一方だ。
□ ほかの人たちは、こんなことに対処しなくてすむのに。
□ 私はとにかく、チャンスをつかむことができない。

ネガティブ思考が暴れだして手に負えなくなる前に、そうした思考に気づこう。過度にネガティブな思考をより現実的な思考に置き換えるには、訓練や努力が必要だけど、現実的な思考は、自分を哀れむ気持ちを和らげるのにとても役に立つ。

「悪いことは、いつだって私に起こる」と考えているなら、これまで自分に起こったよいことをリストアップしよう。その上で、自分の思考をより現実的な思考、たとえば「悪いことが起こることもあるけど、よいことだってたくさん起こっている」のように置き換えるのだ。

私は何も、ネガティブな気持ちを、「お金も運も引き寄せている！」などというあり得ないほどポジティブなアファメーション（訳注：自分への宣言）に変えなさい、と言っているのではない。ただ、状況をより現実的に見るコツを、努力して見つけてほしいのだ。

「感謝する習慣」にスイッチを変える

マーラ・ランヤンは、実に素晴らしい女性だ。修士号を持ち、本を書き、オリンピックに出場したこともある。２００２年のニューヨークマラソンでは、2時間27分という驚くべきタイムで、アメリカ人女性のトップに立った。しかし、何よりマーラがすごいのは、こうした偉業を法律上の失明（訳注：視力の80パーセントを喪失している）状態のもとで、達成したこと。マーラは9歳のとき、シュタルガルト病（黄斑変性の一種）と診断された。視力が低下していくなかで気づいたのは、走るのが大好きなことだった。

マーラは当初、パラリンピックで一流のアスリートになった。１９９２年、次いで１９９６年にもパラリンピックに出場し、トータルで金メダルを5つ、銀メダルをひとつ獲得したほか、いくつもの世界記録を打ち立てた。だが、そこで終わりではなかった。1999年には、健常者が出場するパンアメリカン競技大会に参加し、1500メートル走で金メダルを獲得。2000年には、法律上の失明者として史上初のオリンピック出場を果たし、1500メートル走でアメリカ人女性のトップに立って、8位に入賞した。

マーラは、目が見えないことを障害だとは思っていない。それどころか、長距離レースも短距離レースも成功へと導いてくれた神さまからの贈り物だ、と考えている。失明によって奪われたものにこだわるのではなく、与えられたものに感謝することを選んでいるのだ。

自分を哀れむとは、「何でこんな目に遭うの?」と思うことだけど、感謝するとは、「私って恵まれている」と考えることだ。感謝するにはほんの少し努力が必要だけど、ものすごく難しいことじゃない。古い習慣をやめて新しい習慣を身につければ、どんな人でも今より感謝できるようになる。

まずは、周りの人の親切や善意を認めることから始めよう。世の中のよいところを認められたら、持っているものに感謝する気持ちが芽生えるだろう。お金持ちでなくても、完璧な人生を送っていなくても、感謝することはできる。年収400万円の人はお金持ちだとは思えないかもしれないけれど、世界的に見れば上位1パーセントの富裕層に入る。この本を読んでくれているあなたは、世界に約10億人いる字が読めない人たちよりも恵まれている。

当たり前だと思っている小さな幸せを探して、感謝の気持ちをふくらませてみてほしい。いくつかシンプルな習慣を紹介しよう。きっと感謝すべきことに目を向けられるだろう。

1. **感謝日記をつける。**毎日少なくともひとつ、感謝していることを書きとめよう。きれいな空気が吸える、陽の光が見えるといったささやかな喜びでも、仕事や家族にまつわる大きな喜びでも構わない。

2. **朝晩、感謝をつぶやく。**日記をつけるのが難しいなら、何に感謝しているか、言葉にするのを習慣にしよう。毎日朝起きたときと夜寝る前に、人生で感謝すべきことをひとつ見つける。そして独り言でも構わないから、声に出して感謝すること。感謝の言葉を耳にすることで、感謝の気持ちがさらにふくらむからだ。

3. **自分を哀れみだしたら、チャンネルを変える。**「自分を哀れむモードに入ったな」と気づいたら、別のことに関心を向けよう。「人生は不公平だ」「こんな人生じゃなかったら……」などと考え続けてはいけない。ゆったり座り、人生で感謝すべき人、状況、経験をリストアップしよう。感謝日記をつけているなら、取り出して読もう。

4. **周りの人に、何に感謝しているか尋ねる。**感謝について人と話すと、みんなが何に感謝しているか知ることができる。そうすれば、自分の人生で感謝すべき分野にも気づける。

5. **子どもに感謝を教える。**子どもがいるなら、「持っているものに感謝しなさい」と教えることは、自分の姿勢の手綱を握る一番の方法だ。子どもに「今日は何に感謝している？」と尋ねるのを、毎日の習慣にしよう。家族みんなに感謝していることを書き出してもらって「感謝のびん」に入れたり、ボードに貼りつけると、感謝を楽しく日常生活に組み込める。

「自分を哀れむ習慣」をやめれば、強くなれる

苦しみに目を向けた場合と、感謝に目を向けた場合とでは、どんな違いが生まれるのかは、長年研究されてきた。毎日感謝できることを見つける、ただそれだけのことが、強力に変化を生み出すことがわかっている。

さらに言えば、感謝は心の健康だけでなく、身体の健康にもよい影響を及ぼしている。アメリカ心理学会発行の専門誌『Journal of Personality and Social Psychology』に掲載された2003年の研究によると、次のようなことが明らかになっている。

1．**感謝する人は病気になりにくい**。感謝する人は、そうでない人より免疫力が高く、痛みやうずきを訴えることが少ない。血圧も低く、よく運動をしている。健康に気を配り、睡眠時間も長く、目覚めたときの爽快感も高い。

2．**感謝は、前向きな感情をさらに呼び起こす**。感謝する人のほうが、日常的に幸せ、満足感、喜びを経験しやすい。また、いきいきとしたエネルギッシュな気分を感じやすい。

3．**感謝は、社会生活を改善する。**感謝する人は、そうでない人より快く相手を許せる。より社交的にふるまい、寂しさや孤独感を抱くことも少ない。他人を助けることに前向きで、寛大で思いやりのある行動を取る。

自分に同情しても何も解決しない！

ストレスと向き合っているときに、自分を哀れむ気持ちに支配されると、解決への取り組みが遅れる。自分を哀れみだす危険信号に、目を光らせること。そして、兆候に気づいたら、すぐさま態度を改めよう。

02「自分の力を手放す習慣」をやめる

ローレンは思っていた。上から目線でおせっかいな姑のせいで、いずれ全人生とまでは言わないけれど、結婚生活をめちゃくちゃにされてしまう、と。

姑のジャッキーを以前から疎ましく思ってはいたけど、耐え難いとまで感じるようになったのは、二人の娘たちが生まれてからだ。ジャッキーはたいてい、週に何度もアポなしでやってきては、何時間も居座る。ローレンにとって、家族の時間にずかずかと踏み込んでくる訪問が、わずらわしくてならない。仕事を終えて家に帰ってから娘たちが寝るまで、一緒に過ごせる時間がそもそも少ないからだ。

でも何より厄介なのは、ジャッキーが常に、母親としてのローレンの立場をないがしろにすること。「あのね、テレビはあんたたちに悪さなんかしないわよ。何でママはいつも、『観ちゃだめ』なんて言うのかしらねぇ?」「デザートを食べさせてあげたいけど、『砂糖は身体に悪い』ってママが思い込んでいるから……」などと、たびたび子どもたちに言うのだ。時には「新時代の子育て」について、レクチャーまでしてくれる。「私は子どもたちにテレビも観せてたし、おやつも与えてたけど、何の問題もなかったみたいね」とにおわせながら。

ローレンはどんなときも、礼儀正しくにこにことうなずいていたけど、はらわたは煮えくり返っていた。怒りはふつふつとふくらみ、夫に八つ当たりすることも増えてきた。ところが夫ときたら、「まぁ、いつもの調子だろ？」「聞き流しておけばいいよ。よかれと思って言ってるんだから」などと言うだけ。

とうとう、怒りが爆発する日がやってきた。姑が言ったのだ。「あなた、もっと運動したら？　ちょっと太ったんじゃないの？」

このひと言で、ローレンはぶち切れた。ダッと家を飛び出し、その晩は妹のところに泊まったけれど、翌日になっても戻る気にはなれなかった。「家を空けるなんて！」と、姑のお説教を聞くのがいやだったからだ。このとき、ようやくローレンは悟った。私には助けが必要よ、さもないと結婚生活が本当に破綻してしまう、と。

最初はカウンセリングを受けて、怒りをコントロールするすべを学び、姑の言葉にあまりカリカリしないようにしよう、と考えた。でも何度かセラピーに通ううちに、「問題を未然に防ぐ必要がある」と気がついた。

私は、ローレンに円グラフをつくってもらった。仕事、睡眠、遊び、家庭、姑とのつき合いといった人生のさまざまな分野に、どれくらい時間とエネルギーを費やしているか。次にもうひとつ、円グラフをつくってもらった。それぞれの活動に実際にかかっている時間を、明らかにするために。グラフが完成したとき、ローレンは唖然とした。実際に姑と過ごす時間は週に5時間なのに、さらに5時間以上かけて悪口を言っている！

彼女が気づいたのは、姑に人生のそれは多くの分野を支配されていたこと。夫との関係を築いたり、娘たちと楽しめるはずの時間とエネルギーを、「何て憎らしいばあさんなの！」と思うことに費やしていたのだから。

そこでローレンは、状況を変えることにした。夫と協力して、家族のために健全な境界線を引いたのだ。まずは、週に何度もアポなしで訪問するのはやめてほしい、と姑に伝えた。「お母さんとおしゃべりしたいときには、夕食にお招きしますから」と。それから、「母親としてのローレンの立場を傷つけないこと」「もし傷つけたら、帰ってもらうこと」も伝えた。同時に、ローレンは愚痴をこぼすのをやめた。不満を友達や夫にぶちまけたところで、さらにいらいらが募るだけ。時間とエネルギーのムダだ、と気づいたのだ。

ゆっくりと、でも着実に、ローレンは人生と家庭を取り戻していった。「自分の家で、自分を軽んじるような失礼な行為に耐える必要はない」と気づいてからは、姑の訪問が怖くなくなった。そして、家の中で起こることの手綱をしっかり握れるようになった。

なぜ、気分を人に左右されてしまうのか？

自分の思考、感情、行動を他人に支配されていたのでは、メンタルを強くすることはできない。次に挙げる文章のいずれかに、思い当たるものはないだろうか？

□ 相手が誰であっても、批判や否定的な意見には、ひどく腹が立つ。
□ 周りの人は、私を怒らせ、あとで悔やむような言動を取らせることができる。
□ 他人に言われたことで、人生の目標を変えたことがある。
□ 他人の行動次第で、どんな一日になるかが決まる。
□ 罪悪感につけこんで何か要求されると、仕方なくやってしまう。
□ 他人からよく見られようと頑張るのは、他人の評価で自分の価値を決めているから。
□ 嫌いな人やイヤな状況について愚痴をこぼすことに、多くの時間を費やしている。
□ 人生で「しなくてはならない」あらゆることに、愚痴をこぼすことが多い。
□ 恥ずかしさや悲しみといったイヤな気分を避けるためなら、労をいとわない。
□ 他人との境界線を引くのは苦手だが、自分の時間やエネルギーを奪われると腹が立つ。
□ 気分を害したり傷つけられると、相手を恨んでしまう。

自分の力を手放さないこと、それは、周りの人や状況がどうあれ、自分自身と自分の選択に自信を持つことだ。人に嫌われたくなくてはっきり言えない人は多い。心理的にも物理的にも人との間に健全な境界線を引いていないなら、自分の力を他人に譲り渡す危険を冒している。あなたも、ご近所さんの頼みごとを断れなかったり、愚痴ばかりこぼす友達の電話にうんざりしながらも、トゥルル……と鳴った途端に受話器を取っていないだろうか？

本当はいやなのに「ノー」と言わずにやり過ごすたび、自分の力を手放している。ひどい扱いを受けても自分のために立ち上がらないなら、人生を支配する力を、相手に与えることになる。

「自分の力を手放す習慣」の問題点

ローレンは、どんな夜を過ごすのかを、ジャッキーに左右されていた。姑が現れると、娘たちとのんびり過ごせないことに腹が立ち、姑が来ない日は、思うさまくつろぐことができた。ジャッキーの行動が、結婚生活や娘たちとの関係に水をさすのを許してきたのだ。

自分の力を手放すと、多くの問題が生じる。たとえば、次のように。

1. **自分の感情を、他人に支配される。** 自分の力を手放すと、感情を周りの人や状況に支配され、ジェットコースターのような人生を送ることになる。事がうまく運んでいるうちは気分もいいが、状況が変わると、思考も感情も行動も変えられてしまう。

2．**自分の価値を他人に決められる。**自分の価値を決める力を他人に与えると、自分がつまらない存在だと思えてくる。他人の評価で自分の価値をはかるようになるので、どんなにほめられ、好意的な意見をもらっても、満たされることがない。

3．**真の問題に取り組まなくなる。**自分の力を手放せば、人は無力感を覚える。状況改善のためにできることをせず、抱えている問題を正当化しようと言い訳を探し始める。

4．**状況の被害者になる。**自分の人生のハンドルを握るのではなく、乗客になってしまう。「他人にイヤな気分にさせられた」「望まぬ行動を取らされた」と口にし、自分の選択に責任を負わず、他人を責めるようになる。

5．**批判に神経質になる。**批判を評価する力を失い、他人のどんな言葉も深刻に受けとめる。他人の言葉に、必要以上に大きな力を与えるようになる。

6．**目標を見失う。**自分の目標を他人に支配されると、望み通りの人生を送ることはできない。邪魔をしたり、進歩をはばむ力を他人に与えると、目標に向かって順調に歩めなくなる。

7．**人間関係が壊れる。**心を傷つけられても、望まぬ形で人生に踏み込まれても黙っていたら、相手に対する怒りがふくらんでいく。

誰に力を奪われているのか？

自分に自信がない人は、他人の評価で自分の価値を決め、自尊心を丸ごと左右されている。それなら、もしみんなを怒らせてしまったら？　「もう好きじゃない」と言われたら？　健全な境界線を引く決心をしたら、多少は反発を食らうかもしれない。でも、「私は価値ある存在だ」と自分で強く思えたら、まわりの反発にも耐えられるだろう。

スティーブン・マクドナルドも、自分の力を手放さないことを選んだ人の一人だ。1986年、ニューヨーク市警の警官だったマクドナルドは、自転車の盗難について尋ねようと、少年たちに声をかけた。すると、15歳の少年がいきなり頭と首に発砲した。この銃撃で彼は、首から下が麻痺してしまう。奇跡的に命を取り留めた彼は、18ヵ月間入院し、四肢麻痺の状態で生きるすべを学んだ。事件当時は新婚8ヵ月で、妻は妊娠6ヵ月だった。

驚いたことに、マクドナルド夫妻は、少年が奪っていったものにこだわるのではなく、彼を許すことを選んだ。事件から数年後、加害者が刑務所から謝罪の電話をかけてきたとき、マクドナルドは言った。「いつか一緒に全米を回って、ぼくらの話を聞いてもらいたいね。きっと暴力を防ぐ力になると思うんだ」。だが、それが実現することはなかった。少年は出所して3日後に、バイクの事故で亡くなったから。

そこでマクドナルドは、「平和と許しについてのメッセージを広める」という使命を一人で果たし始めた。「背骨に残った弾丸よりひどいものがあるとしたら、胸に恨みを抱くこと」と、著書の中で述べている。事件に身体の自由は奪われたかもしれないけれど、マクドナルドは、暴力や加害者に人生を台無しにする力は与えなかった。そして今も、愛と敬意と許しを教える講演家として活躍している。

心身を傷つけた相手を許すことは、その行為を認めることとは違う。怒りを手放せば自由になって、さらに意義あることにエネルギーを注げるのだ。

「私はこんな境遇だから」と被害者意識を抱いて人生を送ってきたなら、「人生を選ぶ力がある」とはなかなか思えないかもしれない。そこで第一にすべきことは、自分を理解する力をはぐくむこと。そのためには、自分の思考、感情、行動をめぐって、どんなときに周りの人や状況を責めたくなるのか、明らかにしてみること。

自分が誰に時間とエネルギーを注いでいるか、よく考えてみよう。それは、あなたの時間やエネルギーを与えたい相手だろうか？　そうでないなら、その人に必要以上の力を与えているのかもしれない。「時間とエネルギーを他人に与えるのをやめる」と強く決意してほしい。それがあなたの人生で、大役を演じてもらいたい相手じゃないなら。

被害者ワードを使わない

自分の力を保つために、状況のとらえ方を変えなくちゃいけないこともある。たとえば、次のような「被害者ワード」を使っているとき、あなたは自分の力を手放している。

・「上司が私を怒らせる」。上司の行動が気に入らない日もあるだろうが、本当に彼があなたを怒らせているのだろうか？　彼の行動があなたの感情に影響を及ぼすことはあっても、「怒りを抱け！」と上司が強要しているわけではない。

・「私がいまいちだから、彼にフラれたの」。あなたは本当にいまいちなのだろうか？　それとも彼一人の意見にすぎない？　100人にアンケートを取って、全員の意見が一致することはない。誰かがそう思ったからといって、真実だとは限らないのだ。一人の意見に、あなたの価値を決める力を与えてはいけない。

・「ママのせいで自己嫌悪に陥るわ。私の批判ばかりするんだもの」。あなたはもう大人なのに、母親の言葉をすべて真に受けなくてはならないのだろうか？　母親がひどいコメントをするからといって、自己評価を下げなくてはいけないのだろうか？

・「毎週日曜の夜には、夫の両親を夕食に招かなくてはならない」。夫の両親に強制されたのだろうか？　家族にとって大切だと考えて、あなたがそれを選んでいるのだろうか？

反応する前に考えよう

誰かが気に入らないことを言うたびに、怒鳴ったりけんかしたりしていたら、気に入らない言葉にさらに力を与えてしまう。相手に反応する前に、意識的な選択をしよう。自分がどんな行動を取りたいのか、よく考えること。

では、ネガティブな反応をしたくなったときに心を落ち着かせる方法を、いくつか紹介しておこう。

1．**深呼吸する。**いらいらや怒りは、呼吸数や心拍数の増加、発汗など、体内でさまざまな反応を引き起こす。ゆっくり深呼吸すれば、筋肉をリラックスさせ、生理的な反応を減らし、感情的な反応も抑えられる。

2．**状況から距離を置く。**感情的になればなるほど、合理的に考えられなくなる。身体の震えやほてりなど、自分の怒りの兆候を見逃さないこと。そして冷静さを失う前に状況から距離を置くこと。「今は話す気がしない」と伝えるか、その場から立ち去ろう。

3．**気を紛らわす。**感情的になっているときは、誰かとの問題に対処しようとしないこと。散歩や読書などで気を紛らわせ、心を落ち着かせよう。ほんのしばらくでも悩み事を忘れれば、冷静になって合理的に考えられる。

他人の意見を厳しく評価しよう

のちに1000万枚以上の大ヒットを飛ばすアルバムをリリースする少し前、マドンナはミレニアムレコードの社長から不合格通知を受け取っていた。そこにはこう書かれていた。

「このプロジェクトに唯一欠けているのは、才能ある人材だ」

マドンナがこの手紙に、シンガーソングライターとしての才能を定義させていたら、あきらめていたかもしれない。

成功者はたいていこうした逸話を持っている。成功する人間は、たった一人の意見に自分を定義させたりはしないのだ。

自分の力を保つには、他人の意見が的を射たものか、きちんと評価しなくちゃいけない。友達に悪いクセを指摘されたり、パートナーに身勝手な行動をいさめられて、前向きな変化を遂げられることもある。でも、批判する側に問題がある場合もある。たとえば、怒りっぽい人は、ストレス発散のために辛辣な批判をするものだし、自尊心が低い人は、誰かをおとしめることで気晴しをする。批判を参考にする前に、よく見極めることが大切だ。

誰かから批判や意見をされたら、反応する前にひと呼吸置くこと。いらいらしたり、反発したくなったら冷静になる時間を取ろう。それから、次の問いを自分に投げかけてみよう。

1. **これが真実だという根拠は何？**　たとえば、上司から「怠けている」と言われたら、手抜きをしたことはないか、批判の根拠を探そう。

2. **これが真実ではない、という根拠は何？**　「頑張って働いた」と言える根拠を探そう。

3. **この人はなぜ私にこんなことを言うのだろう？**　状況から一歩離れて、上司がなぜネガティブな意見を言うのか、考えよう。たまたま目にした行動が原因かもしれない。たとえば、あなたがインフルエンザにかかった日の仕事ぶりしか見ていないとしたら、評価が低くてもおかしくはない。相手の判断が正しいとは限らないのだ。

4. **自分の行動を改めたい？**　誰かの批判をもっともだと感じて、行動を改める場合もある。たとえば、上司の言う通り頑張りが足りなかったと認め、優秀な社員になるべく早朝から夜中まで働くのもよいだろう。ただし、覚えておいてほしい。上司は何ひとつ強要していない。「しなくちゃいけないから」ではなく「したいから」あなたが変化を選ぶのだ。

あなたへの誰かの意見が、真実だとは限らない。賛同しないと決め、気持ちを切り替えて前に進むこともできる。相手の考えを変えるために時間やエネルギーを注ぐ必要はない。

人生に「しなくちゃいけないこと」などほとんどないが、たいていの人は「ほかに選択肢はない」と思い込んでいる。「明日、仕事に行かなくちゃ」とつぶやく代わりに、それが選択であることを思い出してほしい。出勤しないことを選べば、もちろん影響は出る。お金はもらえないし、仕事を失う可能性もある。それでも、仕事に行くことは選択なのだ。

何をし、何を考え、何を感じるのか、すべて自分で選べる――そう気づくだけで、晴れやかな気分になれる。被害者意識を抱いて人生を送っていたら、「望み通りの人生を生み出す力がある」とは、なかなか思えないけれど。

「自分の力を手放す習慣」をやめれば、強くなれる

自分の力を手放していたのでは、世界一パワフルな人たちの仲間入りはできない。トーク番組の司会者、オプラ・ウィンフリーに聞いてみればわかる。オプラは貧しい家庭で育ち、子どもの頃に複数の相手から性的虐待を受けた。母親、父親、祖母のもとを転々とし、10代の頃には家出を繰り返すようになる。14歳で妊娠し、子どもは生後間もなく亡くなった。

高校に入ると、地元のラジオ局で仕事を始めた。いくつものメディアの仕事を経て、ようやくテレビのニュースキャスターになれたものの、のちに解雇されてしまう。

それでも「テレビ向きじゃない」という誰かの意見に、歩みを止めたりはしなかった。自分の名を冠したトーク番組の制作を進め、32歳の頃には『オプラ・ウィンフリー・ショー』を全米屈指の人気番組にした。オプラは子ども時代やかつての雇い主に、力を奪わせなかっ

た。自分の力を手放さず、どんな人間になるのか自分で決めることを選んだ。

「自分の感情は、誰にも支配させない」と決めたら、力がわいてくるだろう。自分の力を手放さなければ、メンタルは強くなる。たとえば、次のように。

1．**自分が何者かを理解できるようになる。**「いかに反発を買わないか」ではなく、「何が自分にとって最善か」に基づいて選択できれば、自分らしさが見えてくる。

2．**自分の人生の舵取りができる。**自分の行動に責任を負えば、目標に向かっての進捗にも責任を負えるようになる。

3．**人の目が気にならなくなる。**罪悪感や他人の目を気にして、やりたくないことをやらされることがなくなる。

4．**自分が選んだことに、時間とエネルギーを注げるようになる。**そして、「時間をムダにした」「一日を台無しにされた」と他人を責める必要もなくなる。

5．**うつ病や不安といった心の問題を抱えるリスクが減る。**心の病の多くは、絶望感や無力感から生まれる。「自分の感情や行動を、周りの人や状況に支配させない」と決めれば、心の健康の手綱を握れる。

恨みを抱いても、怒りや敵意には相手の人生をだめにする力はない。それどころか、あなたの人生をだめにする力を、相手に与えることになる。許すことを選べば、心の健康だけでなく、身体の健康の手綱をも取り戻すことができる。許しの健康効果については、研究で次の3つのことが明らかになっている。

1．**許しはストレスを減らす。**長年にわたる多くの研究によると、恨みを抱くと身体はストレス状態に置かれる。人を許せば、血圧も心拍数も低下する。

2．**許しを選べば、痛みに強くなる。**慢性的な腰痛患者を対象とした2005年の研究によると、怒ると精神的な苦痛が増し、痛みに弱くなる。快く人を許せば、痛みに強くなれる。

3．**無条件に許すと長生きできる。**『Journal of Behavioral Medicine』掲載の2012年の研究によると、ある条件のもとでのみ――たとえば相手が謝ったとか、「二度としない」と約束した場合にのみ――快く許す人は、早死にするリスクが高い。謝罪するかどうかは相手次第なので、謝ってくるまで待っていたのでは、人生はおろか死まで支配されてしまう。

誰にも自分を支配させない！

どんなふうに自分の力を手放しているか、誰かに支配されていないか、よく観察すること。骨の折れる作業だけれど、メンタルの力を高めるには、自分の力を漏れなく保つ必要があるのだ。

03「現状維持の習慣」をやめる

リチャードがセラピールームへやってきたのは、健康管理がうまくいかないから。44歳にして34キロもの減量を求められている彼は、つい先日、糖尿病と診断された。

健康になるためには、ジャンクフードをやめて、もっと運動しなくちゃいけないことも、よくわかっている。そもそも「運動にはなじみがなくて……」というタイプでもない。高校時代には、フットボールやバスケットボールのスター選手として鳴らしたものだ。それが最近では一日のほとんどをパソコンの前で過ごすようになり、仕事に追われ、運動どころではなくなっている。ジムの入会金を払ったものの、行ったのは2回だけ。仕事から帰る頃にはくたくたで、妻や子どもたちと過ごす時間すら取れないのだ。

「健康になりたいんだよ」と言いながら、リチャードはいらいらしていた。肥満や糖尿病を放置するリスクを知りつつ、不健康な習慣を改める意欲がいまひとつわかないからだ。

はっきりしているのは、あまりに多くのことを一気に変えようとしたこと。挫折するのは目に見えていた。そこで私は「ひとつずつ、行動を改めていきませんか？」と提案してみた。「じゃあ今週は、午後にデスクでクッキーをつまむのをやめるよ」。こんなときは、いつもの習慣を別の習慣に置き換えることが大切だ。彼の場合は、クッキーの代わりに人参スティックをかじることにした。

さらに、「サポート態勢を整えるといいですよ」とアドバイスしたところ、糖尿病患者の支援グループへの参加を決めた。妻は「ジャンクフードはあまり買わないようにするわ」と言って、夫と一緒に健康的なレシピを探し始めた。

運動についても、現実的なスケジュールを考えた。リチャードがこう言ったからだ。「毎朝家を出るときは、仕事が終わったらジムに行こう、って思うんだ。でも結局、『行かなくていいさ』って自分に言い聞かせて、家に帰ってしまう」。そこでとりあえず、ジムへ行くのは週に3日だけにして、どの日に行くかを前もって決めた。そして車の中に、なぜジムへ行くべきか、理由を書いたリストを置いた。「今日はまっすぐ帰りたいな」と思っても、リストを読めば「いや、ジムに行くのが一番だ」と思い直せる。

2ヵ月でリチャードはやせ始めたが、血糖値はまだ高かった。「夜テレビを見ながら、ぼりぼりジャンクフードを食べてるからね」と本人。「じゃあ、お菓子に手が伸びにくくなる方法を考えたら？」と言うと、糖分の多いおやつを地下室にしまった。おかげで、夜ふらりとキッチンに入っても、ヘルシーな間食をつまむことが増えた。わざわざ地下室まで下りるとなると面倒で、クッキーが食べたくてもヘルシーなもので手を打つようになったのだ。やがて進歩が見えてくると、行動を改めるのはそう難しくなくなった。そのうち、減量にも血糖値の管理にも積極的に取り組めるようになった。

なぜ、変わりたいのに変われないのか?

「変わりたい」と言うのは簡単だけど、実際に変わるのは難しい。思考と感情が、行動の変化にストップをかけることが多いからだ。たとえそれが、人生をよくする変化だとしても。

多くの人は、人生を劇的に改善してくれるかもしれないのに、変化に尻込みをするものだ。次の文章の中に、自分に当てはまるものはないだろうか?

□ 悪い習慣なのに、「そんなに悪いことじゃない」と正当化する。
□ おなじみの日常が変わることに、強い不安を感じる。
□ たとえひどい状況でも、変化を起こすと事態がさらに悪化するかも、と心配になる。
□ 変化を起こそうとはするが、毎回、変化をなかなか維持できない。
□ 上司、家族、友達の変化が自分に影響を及ぼすと、うまく適応できない。
□ 変化について頭ではあれこれ考えるものの、行動するのを先延ばしにしている。

□「自分が起こす変化は、長続きしないのでは？」と心配になる。
□安全地帯から外へ飛び出す、と考えただけで怖い。
□前向きな変化を起こす気になれないのは、あまりに大変そうだから。
□変われない言い訳をしてしまう。たとえば、「もっと運動したいけど、夫が一緒に行きたがらない」のように。
□「成長すること」を目標に掲げたのはいつだったか、思い出すのに苦労する。
□新しいことに二の足を踏むのは、かなりの努力が要りそうだから。

状況は瞬く間に変わるものだが、人はもっとゆっくりと変化することが多い。いつもと違うことをすれば、思考や行動の変化も求められ、不安な気分になることだろう。だからといって、変化に尻込みしていていいわけじゃない。

リチャードは、あまりに多くのことを一気に変えようとして、あっという間にくじけてしまった。「こんなの大変すぎる」と思うたび、あきらめモードに入っていたのだ。それでも、よい結果が見え始めると、次第に前向きに考えられるようになり、モチベーションを保つのも難しくなくなった。変化に尻込みし、現状維持する人が多いのは、「いつもと違うことをするなんてリスクが高いし、何だか不安だ」と感じるからだろう。

さまざまな変化と準備

私たちが経験する変化には、さまざまなものがある。なかには、そう難しく感じない変化もありそうだ。

1．**「オール・オア・ナッシング」な変化**――変化には、段階を踏んでいくものと、0か100かを選ばなくてはならないものがある。たとえば、子どもを持つと決めたら、徐々に変化していくことはできない。子どもが生まれた途端に、人生が決定的に変わるからだ。

2．**習慣の変化**――「朝寝坊をやめる」のように悪い習慣を断つことでも、「週5で運動する」のようによい習慣を身につけることでも同じだ。ほとんどの人は、しばらくは新しいことに挑戦しても、また元の習慣に戻ってしまう。

3．**「新しいことに挑戦する」変化**――新しいことに挑戦したり、お決まりの日常を揺さぶるのも、変化のひとつだ。病院でボランティア活動をする、バイオリンを習う、などなど。

4．**行動の変化**――行動変化の中には、習慣を変える必要がないものもある。たとえば、「わが子のスポーツの試合には必ず行く」「もっと気さくにふるまう」といったものがそれにあたる。

5．**感情の変化**――すべての変化が、目に見えるものだとは限らない。感情の変化も変化のひとつだから。たとえば、日常的ないらいらを和らげたいなら、その原因である思考や行動を見直す必要があるだろう。

6．**認識の変化**——あなたはさまざまな形で思考を変えたいかもしれない。過去について思い巡らしたり、くよくよ悩むのをやめたい、と考えているのではないだろうか？

ほとんどの新年の誓いが果たされずに終わるのは、「新年だから変わろう」と考えたせい。変化を起こす準備ができていないと、変化を維持することはできない。「毎日デンタルフロスを使う」「夜食をやめる」といった小さな習慣の変化でさえ、ある程度の努力は必要なのだ。

変化の5段階

1．**前熟考期**——まだ変化の必要性に気づいていない段階のこと。リチャードは長年、健康に関してこの状態だった。病院へ行かず、体重計に乗りたがらず、妻の心配も無視していた。

2．**熟考期**——変化を起こすメリットとデメリットを検討している段階のこと。初めて会ったとき、リチャードはこの段階にいた。食生活を改善しないと深刻な結果を招く、と気づいてはいたが、変化を起こす方法がわからない状態だった。

3．**準備期**――変化を起こす準備をしている段階のこと。具体策を盛り込んだ計画を立て、どのように行動を改めるのかを明らかにする。この段階に入ったリチャードは、運動する日を決め、間食は、いつも食べているクッキーをヘルシーなものに替えることに決めた。

4．**行動期**――具体的な行動変化を起こす段階のこと。リチャードはジムへ行き始め、午後のクッキーを人参スティックに替えた。

5．**維持期**――見落とされがちだが、重要な段階だ。リチャードの場合なら、休暇や旅行といった壁にぶつかっても、ライフスタイルの変化を維持できるよう、前もって計画を立てる必要があった。

「今の不満」より「未来への不安」が大きい

アンドリューに初めて会ったとき、彼はやりがいのない薄給の仕事にしがみついていた。大卒なのに――その証拠に、奨学金のローンを抱えている――能力を少しも生かせない分野で働き、昇進の道もほぼ閉ざされていた。

それでもなお、アンドリューは転職を怖がっていた。新しい仕事が気に入らなかったら困るし、そもそも自分の能力に自信もない。それに、新しい職場、新しい上司、新しい同僚になじめるだろうかと、怖くてたまらないのだ。そこで私はアンドリューに、転職のメリットとデメリットを検討してもらった。月々の予算を立て、状況を分析すると、今の仕事を続けても、支払いはまかなえそうになかった。不意の出費がなくても、毎月200ドル以上の赤字になる計算だ。そんな現実を前に、さすがのアンドリューも重い腰を上げた。「払えない」という恐れが、仕事を探す恐れをしのいだのだ。

こんなふうに、多くの人は恐れている。今までと違うことをすると、さらに状況が悪化するのではないか、と。今住んでいる家が気に入らなくても、「新しい家には、もっと大きな問題があるかもしれない」と恐れる。今の恋人と別れられないのも、「もっといい人が現れなかったらどうしよう」と恐れるからだ。だから、たとえ幸せでなくても、「このままでい い」と自分に言い聞かせてしまうのだ。

多くの人は、変化と不安を結びつけて考える。たしかに行動の変化に不安はつきものだけど、人は往々にして、不安に耐える自分の力を見くびっている。

リチャードは、健康になるためにどんな変化が必要かを理解していたけれど、大好きなおやつを手放したくなかったし、運動のつらさを味わうのもいやだった。それに、減量するには空腹に耐えなきゃいけない。こんなふうに現実を恐れるあまり、見逃していたのだ——ちっぽけな不安など、大したものじゃないことを。不安に耐える自信がついてくると、「もっともっと変わりたい」と本気で思えるようになった。

「現状維持の習慣」の問題点

変化に尻込みしていると、深刻な結果を招きかねない。リチャードも、今までの生活をずるずる続けていたら、健康をひどく損なっていただろう。変化を先延ばしにすればするほど、取り返しのつかないダメージを負っていたはずだ。

ただし、変化をためらう影響は、健康だけにとどまらない。ひたすら現状に甘んじていたのでは、人生のほかの分野でも、成長することはできない。

1．**現状維持は、溝にはまって動けないのと同じ。**同じことばかり続けていたら、人生は退屈極まりないものになる。物事を当たり障りなく、控えめにやっていこうとする人は、充実した豊かな人生を経験できず、元気を失っていく。

2．**新しいことを学べない。**世の中は、あなたがいてもいなくても変化していく。「自分が変化しなければ、周りも変化しないだろう」などと考えてはいけない。残りの人生で、ただ同じことを続けていくつもりなら、みんなに後れを取る覚悟をしなくてはならない。

3．**人生が好転しない。**変化しないなら、人生をよくすることはできない。解決を待っている多くの問題は、「いつもと違うことをしてほしい」と訴えている。つまり、新しいことに挑戦するつもりがないなら、問題は解決されないのだ。

4. **健康的な習慣を身につけられない。**悪い習慣を身につけるのはたやすいが、そこから抜け出すには、新しいことに挑戦する意欲が必要だ。

5. **置いてきぼりにされる。**「結婚して30年。夫はすっかり変わってしまったわ」。セラピールームでよく耳にする言葉だが、私はいつもこう答えている。「それは困ったわね」。30年の間に、夫だけでなく妻も成長し、変化していないと困る、という意味だ。あなたに成長する意欲がないなら、周りの人たちに飽きられてしまうだろう。

6. **先延ばしにすればするほど、難しくなる。**初めてタバコを吸ったあとと、20年間喫煙したあととでは、どちらが禁煙しやすいだろう？　習慣は長く続ければ続けるほど、断ちがたくなる。「今のプロジェクトが落ち着いたら、転職するよ」「休暇が終わったら、ダイエットするわ」と変化を先送りする人もいるが、何かをする完璧なタイミングなど、決して訪れない。変化を先延ばしにすればするほど、変わることは難しくなる。

現状に甘んじるのではなく、変化に向けて一歩踏み出してみよう。自分の行動で世界をがらりと変えることはできなくても、ちょっとした変化を起こすことはできる。自分の人生を変えることでほかの人たちの人生にも影響を及ぼせるからだ。

マザー・テレサは言った。「私一人で世界を変えることはできないけれど、一石を投じて多くのさざ波を起こすことはできます」と。

変化のメリットとデメリットを明らかにしよう

現状にとどまるメリットとデメリットを、リストアップしてみよう。それから、変化するメリットとデメリットも、リストアップしよう。

単純にメリットとデメリットの数だけで、判断してはいけない。リストをよく検討すること。何度も読んで、変化と現状維持の結果を、それぞれ思い浮かべるのだ。それでもなお変化について考えているなら、答えが見えてきたのではないだろうか？

ただし、「変化のための変化」はいらない。引っ越す、新しい恋人とつき合う、転職する、といったことで、メンタルは強くならない。大切なのは、なぜ変わりたいのか理由をよく考えること。そうすれば、その決断が自分にとって最善のものかどうかがわかるだろう。

それでも迷っているなら、実験してみること。「オール・オア・ナッシングな変化」に臨むのでないなら、1週間、新しいことに挑戦してみよう。そして1週間後に、進捗と意欲を分析し、変化を継続したいかどうか、決断しよう。

自分の感情を管理しよう

決断に影響を及ぼしている、自分の感情にも注意を払うこと。変化について考えているとき、あなたはどんな気分だろう？　たとえば、次のような気分だろうか？

□ 変化したところで長続きしないのでは？　と心配だ。
□ いつもと違うことをする、と考えただけで、げんなりする。
□ 私には、変化をやり遂げる力があるのだろうか？　と心配だ。
□ 事態がさらに悪化するのでは？　と恐れている。
□ 何かを手放さなくちゃいけないことが悲しい。
□ 「問題がある」と認めるのは、いやな気分だ。

自分の感情を明らかにすれば、その感情と裏腹な行動を取るべきかどうか、判断できる。感情だけで最終的な決断を下してはいけない。たとえ気が進まなくても、快く変化すべきときもある。感情と合理的思考のバランスを取ろう。新しいことをするのは怖いし、しても人生はそう変わらないだろうから、わざわざ苦労して変わる必要はない――あなたはそう判断するかもしれない。けれど、「長い目で見れば、変わることが自分にとって最善だ」と合理的に判断できれば、「苦労に耐える価値がある」という結論に至るかもしれない。

自分に影響を及ぼしている、信じられないほどネガティブな思考を見つけよう。変化に向かって一歩踏み出したら、変化のプロセスをどうとらえるのかも、モチベーションの維持に大きな影響を及ぼすからだ。次のような、変化に尻込みしたくなる思考に目を光らせよう。

□ こんなことをしたって、絶対にうまくいかない。
□ いつもと違うことをするなんて、私にはムリだ。
□ ものすごく大変そう。
□ 好きなことをやめるなんて、ストレスがたまるだけ。
□ 今やっていることは、そんなに悪いことじゃない。
□ やってみる価値などない。前にも同じようなことをしたけど、何の役にも立たなかった。
□ 私は変化にうまく対応できない。

「難しそう」と感じるからといって、やらないほうがいいわけじゃない。人生最高のものはたいてい、ひたむきに努力して課題を克服する力から生まれる。

変化のための計画を立てよう

変化のために準備することは、何より重要なステップかもしれない。変化をどのように実践し、どのように続けていくのか、計画を立てよう。計画をきちんと立てれば、こつこつと一歩ずつ行動変化を実践していける。

リチャードは最初、「34キロやせなくちゃ」と自分に言い聞かせていた。でも、34キロという数字にすっかり圧倒された。「できるわけないだろ」と、どこかで思っていたからだ。

毎朝やる気いっぱいで目覚めるものの、夜には元の木阿弥。行動を改められるようになったのは、「今日できること」に専念しだしてからだ。「2キロやせる」のような、小さな目標を設定することで、その日の行動ステップを明らかにできた。食べ物日誌をつけ、外食する代わりにせっせとお弁当を詰め、ジムに行かない日は家族と短い散歩に出かけた。「オール・オア・ナッシングな変化」に臨むのでなければ、毎日少しずつ変化していける。次のようなステップを踏んで、変化に備えよう。

1．**30日間の目標を設定する。**人はすべて一気に変えようとしがちだが、まず専念したい目標をひとつ掲げよう。1ヵ月でどう変化したいのか、現実的な望みを抱くこと。

2．**1日単位の行動変化を明らかにする。**目標に近づくために、1日単位でできることを少なくともひとつ、設定しよう。

3．**障害物を予測する。**これから出てくる課題にどう対処するか、計画しておこう。前もって準備すれば、順調に進んでいける。

4．**説明責任を果たす。**人が最も力を発揮するのは、進捗についての説明責任を果たしているとき。あなたを支え、進捗ぶりを一緒にチェックしてくれる家族や友達の助けを借りよう。毎日の進捗を書きとめ、自分自身への説明責任を果たすこと。

5．**進捗を観察する。**進み具合をどのように記録するかを決めること。毎日の取り組みと達成した内容を記録しておくと、モチベーションを保てるので、変化を維持しやすい。

「現状維持の習慣」をやめれば、強くなれる

目標がもっと社交的になることなら、気さくにふるまおう。営業マンとして成功したいなら、成功している人の行動を研究し、同じことをしよう。やる気が出たり、ちょうどよいタイミングがくるまでじっと待っている必要はない。今すぐ行動を改めよう！

自分がどんな人間になりたいのかを明確にすること。なりたい自分になるために、積極的に動こう。「もっと友達がいたら」とこぼしているなら、友達が目の前に現れるのを待っていてはいけない。今すぐ、気さくな人のようにふるまえば、新しい友情が芽生えるだろう。

裁判官のグレッグ・マティスは1960～1970年代に、デトロイトの低所得者向けの公営住宅で育った。10代の頃には何度も逮捕され、学校を中退してギャングの一員になった。そして、少年院に入っていた17歳のとき、母親が大腸がんと診断される。保護観察処分

となったマティスは、死の床にある母に「人生をがらりと変えてみせる」と約束した。

保護観察の条件に「仕事を持つこと」とあったので、マティスはマクドナルドで働きだした。その後、東ミシガン大学に合格し、法科大学院へ進んだ。犯罪歴のために弁護士になる道は絶たれていたけれど、デトロイト市のために働く方法を探し、デトロイト近隣地区市役所の管理職になった。それと同じ頃、若者の就労を支援する「Young Adults Asserting Themselves（自己主張する若者）」という非営利組織を妻とともに立ち上げている。

数年後、マティスは裁判官に立候補する決心をした（訳注：アメリカの州の裁判官は、選挙、州知事や議会の任命などによって選ばれる）。対立候補たちは彼の犯罪歴をついたけれど、市民は「マティスは生まれ変わった」と信じてくれた。結局、20年間在職した現職を破って、ミシガン州史上最年少の裁判官に選ばれた。

ある変化が、人生を丸ごと変えるほどの変容をもたらすことがある。つまり、人生のある分野を変えようと——たとえば、借金を完済することなどに——熱心に取り組むと、いつの間にか体重も減り、結婚生活も改善していた、ということが多いのだ。

前向きな変化がモチベーションを高め、モチベーションが上がったことでさらに前向きな変化がもたらされる。変化を受け入れれば、そこからまた新たな変化が生まれる。

変化をこわがらない！

残念ながら、望んでも望まなくても、あなたの人生は変わる。仕事を失う、大切な人が亡くなる、友達が離れていく、子どもたちが家を出る——そうした変化もまた、人生につきものなのだ。日頃から小さな変化になじむ訓練をしていれば、大きな変化に見舞われたときにも対処できる。

自分がどんなふうに変化に対処しているかに目を向けよう。人生をプラスに導いてくれる、重要な変化を避けていないか、目を光らせよう。変化に居心地の悪い思いをすることもあるだろうが、現状維持の習慣をやめて成長し、向上する意欲がなければ、メンタルの力を高めることはできない。

04 「どうにもならないことで悩む習慣」をやめる

ジェームズがセラピールームへ来たのは、親権争いに心を乱されていたから。7歳になる娘の親権をめぐって、元妻のカーメンともう3年以上も争っているのだ。裁判官はカーメンを第一親権者とし、ジェームズには水曜の夜と週末に娘に会う権利を認めた。でも、「おれのほうがいい親だ」と自負しているジェームズはこの決定にかんかんで、「カーメンがおれを目の敵にしている」「娘との仲を引き裂こうとしている」と思い込んでいる。

つい先日も、「娘とホエール・ウォッチングに行くから」と伝えておいたのに、直前になって娘から「先週、もうママと見てきたよ」と言われ、キャンセルこそしなかったものの、相当頭にきた。

ジェームズから見れば、カーメンはいつだって自分を出し抜いて、派手なお誕生日会を開き、ばか高いクリスマスプレゼントを与え、ぜいたく三昧の旅行に連れ出して、娘の機嫌をとっている。同じことをするだけの財力もないけれど、しつけとはほど遠いこんな子育てと張り合うつもりもない。娘は夜更かしをし、保護者なしでは危険なのに外で一人で遊び、好きなだけジャンクフードをほお張るのを許されている。

元妻に恋人ができたことも、面白くなかった。娘がどんな男と一緒に過ごさなくちゃならないのか、心配だったからだ。二人が別れてくれないかと、「お前の彼氏が別の女と会ってたぞ」と耳打ちしたこともある。だがそれも、「口を出すなら、接近禁止命令を出してもらうわよ」と、逆にすごまれる始末だ。そもそもジェームズがセラピールームに来たのは、自分の感情に対処するためじゃない。裁判での味方がほしかったからだ。なぜ自分が全親権を持つべきなのか、裁判所に訴える手紙を、私に書いてほしかったのだ。

2回目のセッションでは、「状況を支配しようとしていることが、娘さんに悪影響を及ぼしていませんか？」と尋ねてみた。ジェームズは、元妻への怒りが娘との関係を損なっていることに気づいた。そこで、少しやり方を変えて、関係を改善できないか一緒に考えた。

そして3回目。この最後のセッションに来る頃には、ジェームズも理解していた。「せっかくホエール・ウォッチングに行ったんだから、とにかく娘と楽しむべきだったんだ。『よくも出し抜いてくれたな』なんて、元妻にメールを打ち続けるんじゃなくてさ」。さらには、こうも気づいた。たしかにカーメンのしつけには、納得のいかないところもあるけど、何度も裁判所に引き戻したところで解決には至らない。娘に使ってやれるお金をムダにするだけだ、と。そして、「娘のお手本になることだけにエネルギーを注ごう」と決めた。そうすれば、彼女の人生にきっといい影響を及ぼせるから。

なぜ、何もかも支配しようとするのか？

すべてを支配下に置けば、安心できるかもしれないが、「常に状況を操れる」と考えるのはトラブルの元だ。次の文章の中に、自分に当てはまるものはないだろうか？

□ 多くの時間とエネルギーを注いで、悪いことが起こらないようにしている。
□ 他人に変化を求めることに、エネルギーを注いでいる。
□ 厳しい状況に陥ると、「すべて一人で解決できる」と考える。
□ どんな場合も結果は努力次第だ、と信じている。
□ 成功は運に左右されたりしない、自分の未来はすべて自分次第だ、と考えている。
□ 「支配欲が強い」と、人から責められることがある。
□ きちんとやってくれると信用できないから、人に仕事を任せられない。
□ 状況を思い通りにできない、とわかっていても、なかなかあきらめきれない。
□ 何かで失敗したら、自分一人のせいだ、と考える。
□ 人に助けを求めるのが苦手だ。

□　目標を達成できないのは、すべて本人のせいだ。
□　ほかのメンバーの能力を信じられないから、チームワークは苦手だ。
□　人を信頼していないから、なかなかいい関係を築けない。

人生において、すべての状況やすべての人を思い通りにはできない。思い通りにならないことを一つひとつ手放せたら、自分で何とかできる事柄に時間とエネルギーを注げる。そうすれば、信じられないほどの偉業を達成する力が得られるだろう。

ジェームズはどう見ても、娘の幸せを願う愛情いっぱいの父親だ。ただ、母親と暮らしている娘の身に何が起こっても自分には何もできない、と認めるのが怖いのだ。そんな不安を和らげたくて、必死で状況をコントロールしようとしている。元妻のデートの相手から家のルールに至るまで、すべてを支配できれば気が楽になるから。

すべてを支配しようとする気持ちは不安への対処法として生まれる。すべてを自分の支配下に置けば不安のタネも消える。だから不安に対処するのではなく、状況を支配しようとする。

すべてを正しくやりたい、という気持ちも、ある種のスーパーヒーロー・コンプレックスから生まれる。「しっかり努力すれば、すべては望み通りになる」という誤った考えにしがみついているのだ。同僚に仕事を任せたり、パートナーに用事をお願いする代わりに、「きちんとやりたい」から、つい自分でやることを選んでしまう。つまり、自分以外の人の能力を信頼していないのだ。

LOC（ローカス・オブ・コントロール／統制の所在）

何に自分の支配（統制）が及び、何に及ばないかを判断するのは、それぞれの人の考え方だ。心理学では、その考え方を「LOC（ローカス・オブ・コントロール／統制の所在）」と呼んでいる。LOC（物事を支配する力）を外に置いている人は、人生は運不運に大きく左右される、と考える。だから、「なるようになる、なるようにしかならない」と考えがちだ。

一方、LOCを内に置いている人は、自分の未来を100パーセント支配できる、と信じている。だから、人生の成功にも失敗にも、全責任を負う。今後の懐具合から健康状態に至るまで、何もかも思い通りになる、と信じているのだ。

状況のとらえ方を決めるのは、その人のLOCだ。ある人が、面接試験を受けたとしよう。会社が求める資格も学歴も職歴も、すべて満たしている。ところが数日後、不採用の電話をもらった。LOCを外に置く人なら、こう考えるだろう。「相当優秀な人材が集まったんだな。いずれにせよ、ぼくにふさわしい仕事じゃなかった、ってこと」。だが、LOCを内に置く人なら、こう考える。「面接でいい印象を与えられなかったに違いない。やっぱり履歴書を書き直しておくべきだった。それに、面接のスキルも上げなくちゃ」

　いくつもの要因によって、ＬＯＣはつくられる。子ども時代も、もちろん影響を及ぼしている。努力を重んじる家庭で育った人はＬＯＣを内に置きがちだろう。努力は報われる、と信じているからだ。でも、親から「おまえの1票なんかで世の中は変わらないよ」「どんなに頑張っても、結局うまくいかない」などと吹き込まれて育ったら、ＬＯＣを外に置くようになる。

　人生経験も、ＬＯＣに影響を及ぼしている。一生懸命努力して成功した人は、「自分には結果を左右する力がある」と考えるが、「何をやってもうまくいかない」と感じている人は、物事を支配できるとは考えないだろう。

　一般的には、ＬＯＣを内に置くのが理想的とされている。「全力でやれば何だってできる」という考え方は、多くの文化で尊ばれている。実際、立派なＣＥＯ（最高経営責任者）には「物事を支配できる」と考える人が多いし、医者もＬＯＣを内に置く患者のほうが好きだ。治療や予防に役立つことを、きちんとこなしてくれるから。しかし、「すべてを支配できる」と信じることにも、よくない面はある。

「どうにもならないことで悩む習慣」の問題点

すべてを支配しようとすれば、次のようにさまざまな問題が生じる。

1. **不安が増す。** 周りのすべてを支配することで不安を和らげようとしても、うまくはいかない。状況を支配するのに失敗するたび、ますます不安が募るからだ。結果を支配できない現実に、「自分はいまいちだ」と感じるようになる。

2. **時間とエネルギーをムダにする。** 思い通りにならないことで気をもむのは、心のエネルギーのムダ遣いだ。違う状況を望んだり、相手を思い通りに動かそうと説得を試みたり、悪いことが起こるのを防ごうとしていたら、くたくたになるだろう。積極的に問題を解決したり、自分が何とかできる問題に取り組むエネルギーさえ奪われてしまう。

3. **人間関係を損なう。** ああしろこうしろと指図ばかりしていたら、友達を失うだろう。実際、支配欲が強い人は、人と親しくなれない。相手に何ひとつ任せられないからだ。

4. **人を厳しく裁くようになる。** 「自分は能力があるから成功した」と信じていると、成功していない人たちを批判するようになる。実際、LOCを内に置く人は、孤立しやすい。周りが自分と同じようにできないことに苛立つからだ。

5. **すべてにおいて、いたずらに自分を責める。** 悪いことが起こるのを、常に防げるとは限らない。でも、自分がすべてを支配できる、と考えていたら、人生が思い通りにいかないと、自分のせいだと思ってしまう。

すべて思い通りにしようとしない

ジェームズは、「親権は思い通りにならない」と受け入れて初めて、自分が何とかできること——娘との関係を改善すること——に心を注げるようになった。元妻とも普通に話せる関係を取り戻したいけれど、そのためには「彼女の家で起こることは思い通りにはできない」と、絶えず自分に言い聞かせる必要がある。娘がひどい目に遭っているならともかく、アイスを食べたり夜更かししたりしているくらいでは、裁判官の判断は覆らない。

バランス感覚を持つ人なら理解している。自分の行動だけでなく、外的要因——しかるべき時にしかるべき場所に居合わせるなど——も、成功の見込みを左右する、と。

研究によるとこうした人たちは、LOCを内と外の両方に置いている。人生をバランスよく生きるためには、自分が何を支配できて何をできないととらえているのか、よく考えてみることだ。自分が変えられない人や状況に、膨大なエネルギーを投じたことはないだろうか？　次のように、「思い通りにならないもの」が世の中にはたくさんある、と肝に銘じておこう。

・素敵なパーティを開くことはできても、楽しむかどうかは参加者次第だ。
・わが子に成功の手段を与えることはできても、そこから学ぶかどうかは子ども次第だ。
・仕事で最善を尽くすことはできても、上司に評価を強いることはできない。
・素晴らしい商品を売ることはできても、お客を選ぶことはできない。
・一番賢いのは自分かもしれないが、アドバイスに従うかどうかはメンバーが決めることだ。
・パートナーへの小言もお願いも脅しも自由だが、行動を変えるかどうかは本人次第だ。
・世界一ポジティブな態度を取っても、絶望的な診断を覆すことはできない。
・身体をいたわることはできても、病気を予防できるとは限らない。
・自分の行動を支配することはできても、ライバルを支配することはできない。

恐れを明らかにしよう

2005年、ヘザー・フォン・セント・ジェームズは、中皮腫と診断された。まだ生後3ヵ月の娘がいる36歳の若さで発病したのだ。医師たちは当初、「余命15ヵ月」と宣告し、「放射線療法と化学療法を受ければ、5年くらいなら生きられるかもしれない」と言った。だがその後、肺の切除手術を勧めた。リスクの高い手術だけれど、生存率を高めるには一番の方法だという。

そこで大掛かりな手術を受け、放射線療法と化学療法も受けた。病状が落ち着くまで1年ほどかかったけれど、今日に至るまでがんは再発していない。肺がひとつになったぶん、息切れしやすくなったものの、「大したことじゃない」と本人は言う。

今では肺をひとつ失った日を記念して、毎年2月2日に「Lung Leavin' Day（肺が出ていった日）」をお祝いしている。毎年この日に、思い通りにならないこと――たとえば、がんの再発――への恐れと向き合うのだ。お皿に油性マジックで恐れていることを書き込み、燃え盛るたき火の中へガシャン！　と投げ込んで、文字通り恐れを手放している。わずか数年の間に、このお祭りはどんどん大きくなり、80人以上の友達や家族が集って、めいめいに恐れを火の中へ投げ込み、中皮腫の研究資金を集めるイベントとなった。今ではソーシャルネットワークを通じて世界中に広がっている。

「がんになると、自分にはどうにもできない、って気持ちになるわ」とヘザーは言う。今のところ再発はないけれど、「娘の成長を見届けられないかもしれない」という恐れはずっとある。それでも書き出すという行為で恐れと真正面から向き合い、「自分の思い通りにはならないのだ」と認めることを選んでいる。そして、自分で何とかできること――たとえば、毎日を精一杯生きること――に心を注いでいる。

思い通りにならないことを、何とかしようと頑張っているのに気づいたら、自分に問いかけてみよう。「いったい何をそんなに恐れているの？」と。

誰かが選択を誤りそうで心配なのだろうか？　何かがとんでもなく悪い方向に向かいそうで、怖いのだろうか？　それとも、自分は成功できそうにない、と恐れているのだろうか？

恐れを認め、理解すれば、自分で何とかできること、できないことが見えてくるだろう。

「自分で何とかできること」で悩もう

恐れを明らかにしたら、自分で何とかできることを明らかにしよう。ただし、自分が手綱を握れるのは自分の行動と姿勢だけ――そんな場合もあると、心に刻んでおくこと。

たとえば空港で荷物を預けたら、荷物に何が起ころうと、どうすることもできない。でも、機内持ち込み用バッグに何を入れるかは自分で決められる。貴重品と着替えをとりあえず一組持っていれば、たとえ予定通りに荷物が着かなくても、それほどあわてることはない。

「自分で何とかできること」に心を注げば、思い通りにならないことでくよくよせずにすむ。ある状況を気に病んでいる自分に気づいたら、心を落ち着けて、よい結果になるように、できることをしよう。ただし、ほかの人や最終結果を思い通りにはできない、と心得ておくこと。

人を支配するのではなく、影響を及ぼそう

ジェニーは20歳のとき、大学を中退する決心をした。教育学の学位をとろうと勉強してきたけれど、数学教師になりたいわけじゃない、と気づいたのだ。「芸術家になりたいの」と言う彼女に、母親は凍りついた。母親は毎日電話してきて、「人生を台無しにする気？」と説教をした。中退なんて絶対に認めない、と宣言しただけでなく、「まっとうな道」を選ばないなら縁を切る、とまで脅した。

もういい大人なのに、母親はジェニーの行動を支配したがっている。「娘がでたらめな道を選ぼうとしているのに、傍観なんかしていられない」と。残念ながらそんな姿勢は、娘の心を動かすどころか、親子関係を壊してしまった。

賛成できない行動に走る人を、ただじっと見守っているというのはつらいものだ。とくに、それが自滅的に見える場合は。それでも、命令したり、小言を言ったり、お願いしたって、望み通りの結果は得られない。相手を無理やり変えるのではなく影響を及ぼす方法を、いくつか紹介しよう。

1. まず聞いてから口を開こう。自分の主張をじっくり聞いてもらえた、と感じたら、人は

それほど身構えなくなる。

2．意見と懸念を伝えよう。ただし一度だけ。不安を何度も伝えると、相手の心に響かないばかりか、裏目に出やすい。

3．自分の行動を変えよう。夫にお酒をやめてほしいなら、お酒を流しに捨ててもムダだ。でも、夫がしらふのときは一緒に過ごし、お酒を飲んだら離れることならできる。二人の時間が楽しければ、夫はしらふでいることが増えるだろう。

4．よいところを指摘しよう。禁煙にしろ、運動にしろ、誰かが真摯に努力していたら、真摯にほめよう。ただし、大げさにほめちぎったり、「ほら、言ったでしょ？　ジャンクフードをやめたら気分がよくなるって」などと言わないこと。皮肉や「ほらね」という言葉を聞いて、やる気を出す人はいない。

受け入れる訓練をしよう

ある男が、渋滞に巻き込まれたとしよう。車は20分間に1ミリも動かず、男は会議に遅れそうだった。「まったくいい加減にしろよ！」と怒鳴り、げんこつでゴンゴンとハンドルを殴り始めた。何とかしたいのに、なすすべもなく遅刻しそうなのが我慢ならないのだ。「みんな、どけよ！　真っ昼間に何でこんなに混んでるんだ」

一方、隣の車の運転手はラジオをつけ、好きな曲に合わせて歌っている。「まぁ、そのうち着くだろう」と、時間とエネルギーを賢く使っている。いつ車が動き出すかには自分の力が及ばないことを、知っているからだ。「毎日何百万台もの車が走ってるんだ。渋滞することもあるさ」と、自分に言い聞かせている。どちらの男性も、今後は渋滞を避けるべく早めに家を出る、違う道を選ぶなど、対策を取ることができる。でも今は、渋滞で動けない状況を受け入れるか、不当な目に遭っている事実にこだわるか、二つにひとつしかない。

置かれた状況が気に入らなくても、受け入れることはできる。上司が意地悪なこと、母親が認めてくれないこと、子どもたちが勉強しないことを、受け入れればいいのだ。自分の行動を変えることで、影響を及ぼすこともできるのだから。状況を受け入れれば、相手を無理やり変えようなんて思わなくなるだろう。

「どうにもならないことで悩む習慣」をやめれば、強くなれる

18歳で骨肉腫にかかったテリー・フォックスは、右足を切断することになった。けれど「健康体に戻る」という思い通りにならないことではなく、がんの研究資金を募ることに心を注ぎ、義足のランナーになった。残念なことに志半ばで病に倒れたけれど、毎年、世界中で彼を偲ぶマラソン大会が開かれ、7億5000万ドルに及ぶ寄附が集まっている。人生の

すべての分野を支配しようとするのをやめれば、自分が何とかできる事柄に時間とエネルギーを注げる。そうすれば、次のようなメリットがあるだろう。

1．**さらに幸せになる。**LOCを内外にバランスよく置けば、最高の幸せが手に入る。人生をコントロールするすべはたくさんあるが、自分の能力には限りがある——と理解している人は、「すべてを思い通りにできる」と信じている人よりも幸せなのだ。

2．**人間関係がよくなる。**支配しなくては、と思う気持ちを手放せば、人間関係が改善される。人を信頼できるようになるので、友達が増える。助けを求めるのが苦ではなくなり、周りから批判的な人だと思われることが減る。研究によると、支配しようとするのをやめれば、周りとの一体感や地域との連帯感が高まる。

3．**ストレスが減る。**支配したい気持ちを手放せば、一時的には不安が高まるかもしれないが、長い目で見れば、ストレスも不安もずっと小さくなる。

4．**新たなチャンスが生まれる。**物事を支配しなくては、と強く思っているときは、人生に変化を起こしにくい。変化がよい結果を生むとは限らないからだ。だが、すべてを支配しなくては、という気持ちを手放せば、新たなチャンスに対応する自信が生まれる。

5．**さらに成功する。**すべてを支配したい人はたいてい、強い成功願望を持っているが、LOCを内に置くことで、実は成功のチャンスをつぶしている。研究によると、確実に成功することに目を向けていると、前進するチャンスを見逃しやすい。すべてを支配したい気持ちを手放せば、進んで周りを見回すようになり、自分のしていることと直接関係がなくても、目の前にある幸運に気づきやすい。

思い通りにならないことに心を注がない！

自分ではどうにもできない世の中の悪いところばかり見ていたら、身動きが取れなくなる。嵐を防ごうとエネルギーをムダにするくらいなら、嵐に備えてできることをしよう。

05「みんなにいい顔をする習慣」をやめる

35歳のミーガンには、夫と二人の幼い子どもがいる。パートで働き、教会の日曜学校で教え、ガールスカウトのリーダーまでこなす毎日だ。よき妻、よき母でいたいと努力しているけど、「きちんとやれていない」と感じている。家族に対してつい、いらいらと不機嫌な態度を取っては、「何でこうなるの?」と首をかしげている。

セラピールームへやってきたミーガンと話せば話すほど、「ノーと言えない人」なのだとわかる。教会のメンバーはたびたび電話してきて、「明日の朝の礼拝用にマフィンを焼いてくれない?」と頼む。ガールスカウトの親たちからも、「仕事があるから、うちの子のお迎えもお願い」と頼られる。

おまけにしょっちゅう、妹の子どもたちのベビーシッターをしている。妹がシッター代を浮かすために。その上、何かと甘えてくるいとこまでいる。「今ちょっと金欠なの」「家の修理を手伝ってくれる人がいなくて……」と、常にお困りの様子だ。さすがに最近は、いとこの電話に出るのをやめた。頼みごとがあるときしか、かけてこないからだ。

ミーガンのモットーは、「身内には絶対にノーと言わない」。だから、妹にベビーシッターを頼まれても、いとこに甘えられても、即「いいよ」と答える。

「それが夫や子どもたちに、どんな影響を及ぼしていますか？」と尋ねると、「夕食や子どもたちを寝かしつける時間までに、家に帰れない日もあるの」という答え。改めて声に出して認めることで、「何で親戚にイエスと言うために、家族にノーと言わなくちゃいけないの？」と気づくことができた。もちろん親戚も大切だけど、誰より優先したいのは夫と子どもたち。だから、今後は家族を一番大切にしよう、と心に決めた。

それから、「みんなに好かれたい」という思いについても考えてみた。ミーガンが何より恐れているのは、周りから「自分本位な人だ」と思われること。でも、セラピーを続けるうちに気がついた。「常に好かれていたい」という思いのほうが、誰かにノーと言うより、実はずっとずっと自分本位なのだ、と。誰かに手を貸すのは、相手の人生をよくしたいからじゃない。自分を「いい人だ」と評価してもらいたくて、献身的に尽くすことが多いのだ。

「みんなを喜ばせなくちゃ」という考え方を改めると、行動も変わり始めた。ただし、ノーと言うためには、ちょっぴり訓練も必要だった。とにかく、断るすべを知らないのだから。断るには何か言い訳が必要だが、うそをつくのもいやだと思っていた。

私はミーガンに、長々と理由を告げるのではなく、シンプルに「ムリだわ。できないの」とだけ伝えることを勧めた。説明も言い訳もいらない、と。

訓練を始めた彼女は、ノーと言えば言うほど、言いやすくなることに気づいた。「みんな、腹を立てるだろうな」と思っていたけど、そうでもない、とすぐにわかった。家族との時間を長く取れば取るほど、いらいらすることも減った。ストレスも和らぎ、断る経験をいくつか重ねた頃には、「みんなを喜ばせなくちゃ」という焦りもずいぶん消えていた。

なぜ、全員を喜ばせようとするのか?

第2章で、「自分の力を手放せば、周りの人に感情を支配されてしまう」という話をしたけれど、みんなを喜ばせようとするのは、逆に周りの人の感情を支配しようとしているからだ。次の文章の中に、自分に当てはまるものはないだろうか?

- □ ほかの人がどう感じるかに、責任を感じる。
- □ 誰かが自分を怒っていると思うと、いやな気分になる。
- □ 人から甘く見られがちだ。
- □ 反対意見を口にするより、周りに合わせるほうが楽だ。
- □ 「自分は悪くない」と思っていてもとりあえず謝ることが多い。

□もめごとを避けるためなら、労をいとわない。
□不愉快に思っても、傷ついても、人には言わないことが多い。
□何かを頼まれると、やりたくなくても引き受けてしまいがちだ。
□ほかの人の望みに応えようと、自分の行動を変える。
□周りによい印象を与えたくて、多くのエネルギーを費やしている。
□パーティを開いて、みんなが楽しそうに見えないと、責任を感じる。
□人生において、周りからのほめ言葉や承認を求めがちだ。
□周りの誰かがいらいらしていたら責任を感じて、相手の気分がよくなるよう努力する。
□「自分本位な人だ」とは、絶対に思われたくない。
□やらなくちゃならないことが多すぎる、時間が足りない、と感じることが多い。

「いい人」でいようとするあまり、いつも人の機嫌を取る行動に走っているなら、思わぬ面倒を招きかねない。そんな姿勢が、人生のあらゆる分野に深刻な影響を及ぼし、目標の達成を妨げるかもしれない。みんなを喜ばせようとしなくても、親切で心の広い人間でいることはできるのだ。

もめごとや対立を恐れる

もめごとや対立は気まずいものだ。会議で小競り合いをする同僚の間に座るのは、気分がよいものではないし、親戚が言い争う集まりに、いったい誰が参加したいだろう？　もめごとを恐れて、人は自分にこう言い聞かせる。「私がみんなをハッピーにできれば何もかもうまくいく」と。

他人を喜ばせようとする人は、車が猛スピードで近づいてきたら、自分もスピードを上げる。「あの人、急いでるみたいだな。トロトロ走って怒らせたくない」と。また、拒絶されたり見捨てられるのを恐れる。「喜ばせてあげないと、好きになってもらえない」と。常にほめ言葉や励ましを生きがいにしているので、前向きな反応がないと、周りを喜ばせようと自分の行動を変えてしまう。

もめごとを避けたい気持ちは、子ども時代にはぐくまれることもある。口げんかばかりしている親に育てられたら、もめごとは面倒だ、言い争いを防ぐにはみんなを喜ばせるのが一番だ、と学ぶかもしれない。たとえば、アルコール依存症の親を持つ子どもは、人の機嫌を取る大人になりやすい。親が思いがけない行動を取ったときの、一番の対処法がそれだったから。あるいは、いい子でいることが、親の関心を引く唯一の手段だったから。

自分より人を優先させるのも、自分は必要とされている、と感じる手段のひとつだ。「人をハッピーにできるなら、私にも少しは価値があるかも」というわけだ。こうして、常に他人の感情や人生にエネルギーを注ぐのがクセになってしまう。

ミーガンは周りの人を喜ばせたいと願うあまり、自分の価値観を見失ってしまった。自分のニーズを満たしていないのだから、気分がすぐれなくて当然だ。家族にも大きな影響を及ぼしてきたことに気づいたのは、何度かセラピーを受けたあとのこと。夫がこう言ったのだ。「やっと昔の君を、取り戻せた気分だよ」

「みんなにいい顔をする習慣」の問題点

「買い物に行かない？」と、サリーはジェーンを誘った。先週お茶に誘ってくれたから、お返しに自分も誘ったほうがいい、と思ったから。本当は「断ってくれないかな？」と期待していた。ショッピングモールへ行って、ささっと靴を調達したいだけなのだ。ジェーンと行けば、ゆっくり買い物をしたがるだろう。ジェーンも、実は行きたくなかった。片づけなくちゃいけない用事もある。でも、サリーを傷つけたくなくて、「行くわ」と答えた。

二人とも、友達を喜ばせているつもりだが、相手の望みをわかっていない。互いに気を遣っているつもりで、ありがた迷惑な行動を取り合い、本心を口にする勇気がないのだ。

ほとんどの人は、相手を喜ばせる行動が「いい人」の証しだ、と信じている。でも考えてみれば、常にみんなを喜ばせようなんて自分本位な考え方だ。誰もが自分の一挙手一投足に関心を持っている、自分は他人の感情を支配できる、と思い込んでいるのだから。

常に他人を喜ばせるために行動している人は、相手が評価してくれないと、すぐ恨みがましい気分になる。「あなたのためにこんなにしてるのに、あなたは何ひとつしてくれない」という思いがふつふつとわいてきて、そのうち関係をこわしてしまう。

みんなを喜ばせていると、人間関係がだめになる

アンジェラは、誰彼なく機嫌を取っているわけじゃない。デートの相手だけだ。「ユーモアのある子が好き」という彼なら、いつもより多めにジョークを飛ばす。「ひらめきで動くタイプの子が好き」と聞けば、「去年の夏、ふと思い立って、ぎりぎりに申し込んでフランスへ飛んだの」と話す。でも、「賢い女性が好き」という彼なら、そのフランス旅行を「美術館巡りがしたくて行ったの」と伝える。

自分を魅力的に見せるためなら、何だってする。相手が喜ぶことを山ほど言えば、2度目のデートに誘われる、と信じているから。ころころ変わる人格が、ゆくゆくどんな結果をもたらすかなど、まるで眼中にない。結局、誰一人喜ばせられず、誰とも長続きしていない。

まともな男性なら、中身のないお人形のような女性とつき合いたいとは思わないだろう。実際、何を言っても合わせてくるアンジェラに、相手はすぐいらいらし始める。「聞きたがっていることを言おう」という魂胆が、見え見えだから。

アンジェラは怖いのだ。「そうかな？」と首をかしげたり、反対意見を言ったりしようものなら、もう興味を持ってもらえないんじゃないか、と。つまり相手を信頼していないのだ。

誰かを心から大切に思い、相手も大切に思ってくれている、と信じたら、心を開いて本当のことを言わなければいけない。仮にあなたの言うことやすることが理想通りでなくても、相手は一緒にいることを楽しんでくれる。

人の顔色を見て、自分自身を見失う

オーストラリアの介護士、ブロニー・ウェアは、長年にわたって多くの患者さんを看取ってきた。ウェアによると、死の床で人々が語る最大の後悔のひとつは「周りの人を喜ばせてばかりいたこと」。著書『死ぬ瞬間の5つの後悔』（新潮社）の中で、「自分に正直な人生を生きればよかった」と語る人が多いことを明かしている。周りの人たちが望む服装や行動、話し方をするのではなく、自分らしく生きればよかった、と悔やむのだ。

『Journal of Social and Clinical Psychology』に掲載された、こんな研究さえある。他人の機嫌を取る人は、周りが喜ぶと思えば、たくさん食べる傾向があるという。つまり、部屋にいる人たちのためなら、自分の健康すら喜んで手放すのだ。周りは他人が食べているものなど、眼中にないかもしれないのに。

人の機嫌をうかがっていると、力をフルに発揮することはできない。周りを喜ばせたい人は、何事においても一番になりたがらない。高く評価されると、周りの機嫌を損ねる恐れがあるからだ。

仕事で認められると居心地が悪いからと、昇進を拒む人もいる。魅力的な男性に声をかけられても、一緒にいる女友達をムッとさせたくなくて、そっけなく対応する人もいる。

他人の機嫌を最優先していると、自分の価値観に従って行動することはできない。あっという間に正しいことを見失い、周りをハッピーにするためだけに動こうとする。だが、みんなが支持する選択だからといって、正しい選択だとは限らない。

本当に喜ばせたい人は誰？

「イエス」と言うのがすっかりクセになっていたミーガンは、何でもかんでも「いいよ」と引き受けていた。そこで、ある呪文をこしらえて、繰り返し唱えることにした。

「みんなにイエスと言うのは、夫と子どもたちにノーと言うこと」

そう、家族に悪影響を及ぼさないなら、イエスと言っても構わないのだ。だが、四六時中イエスと答えていたら、家族も自分の気持ちも持たないだろう。

目標を達成したいなら、周りが望むことをするだけではなくて、どの道を行くか、自分で決めなくてはいけない。インターネットのコミュニティサイト、クレイグスリストのCEO、ジム・バックマスターは、その大切さを肌で知っている。

バックマスターは、2000年にクレイグスリストのCEOになった。ほかのウェブサイトは広告から利益を得ていたけど、クレイグスリストは違っていた上に、収益を生むさまざまなチャンスも断っていた。その代わり、サイトをシンプルに保ち、特定の広告を載せるごく一部のユーザーだけに料金を課した。だから、ユーザーがつくり上げる広告の大半は、いまだに無料のままで、同社にはマーケティング・チームすらない。

この方針のせいで、クレイグスリストは大変な反発を食らい、バックマスター自身も「反資本主義者」「社会的無政府主義者」と、多くの批判にさらされてきた。それでも、批判的な人たちの機嫌を取ろうとはせず、これまで通りのスタイルで、会社を運営している。

どうやらこの反骨精神と広告に頼りすぎない姿勢が、ビジネスをうまく回らせているようだ。「ITバブル崩壊」の波も乗り越え、今も世界有数の人気サイトだ。みんなを喜ばせようと気をもまなかったおかげで、会社は本来の目的を果たし、多くの顧客を獲得している。

何も考えずに行動を改める前に、自分の思考と感情をよく見つめること。意見を言うべきかどうか迷ったときは、「みんなを喜ばせること」にまつわる、次の真実を思い出そう。

1．**みんなを喜ばせようとするのは、時間のムダ。**他人の感情を支配することはできない。相手を喜ばせようと時間を取れば取るほど、本当に大事なことを考える時間がなくなる。

2．**機嫌を取る人間は、操られやすい。**世の中の人は、機嫌を取る人間を2キロ先からでも見つける。人のよさにつけ込んで行動を支配しようとする人もいる。「あなたが一番上手だからお願いしているの」「頼みづらいんだけど……」などと言ってくる人に気をつけよう。

3．**誰かが怒ろうとがっかりしようと構わない。**常に幸せな気分でいなくちゃならない理由はない。誰もがさまざまな感情に対処する力を持っているのだから、他人のネガティブな感情を抑えるのは、あなたの役目ではない。誰かが怒っていても、あなたが悪いとは限らない。

4．**全員を喜ばせることはできない。**誰もが同じことで大喜びするはずはない。世の中には決して喜ばない人もいるし、そんな人をハッピーにするのがあなたの役目ではないのだ。

自分の価値観を明らかにしよう

工場でフルタイム勤務をしているシングルマザーがいるとしよう。ある朝、小学生の息子が熱を出し、学校には行けそうもない。息子を看てくれる友達も家族もいないが、休むと日当はもらえない。そうなると、食費にも影響が出てくるし、あと一日休めば、クビにされるかもしれない。もうすでに子どもたちの病気で、何日も欠勤しているから。

結局、息子を一人残して職場に向かった。「まだ10歳の子が病気だっていうのに……」と人は非難するだろうが、彼女の価値観は「これが一番よ」と告げていた。息子より仕事が大事なわけじゃない。むしろ、何よりも家族を大切にしている。それでも、家族の幸せを長い目で見れば、出勤するのが一番だ、とわかっていた。

人生で決断を迫られたら、自分の価値観を知っていることが大切だ。そうすれば、最善の選択ができる。「一番大切なものを5つ挙げてください」と言われたら、さっとリストにできるだろうか？　ほとんどの人はできない。大切なものがわからなければ、どこにエネルギーを注ぐべきか、何が最善の決断か、わからないだろう。時間を取って大切なものを明らかにするのは、実り多いエクササイズだ。一般的に大切とされているものを、いくつか挙げてみよう。

子ども／恋愛／家族や親戚／友情／宗教的・精神的信条／ボランティア活動や助け合い／仕事／お金／目的意識を持つこと／健康／教育／遊び／みんなを喜ばせること

まずは人生で大切に思っていることを5つ選んで大切な順に並べ、次に実際にその価値観に従って生きているか考えてみよう。大切なものに、どれくらいの時間、お金、エネルギー、スキルを投じているだろう？　リスト外のものに、多大な労力を注いでいないだろうか？

「みんなを喜ばせること」は、リストのどこにあるだろう？　まさかトップに君臨してはいないはずだ。時々リストの順位を見直せば、人生のバランスが崩れていないか確認できる。

イエスかノーか、考える時間を取ろう

ミーガンがいとこを避けていたのは、何かを頼まれたらノーと言えないことを自覚していたから。そこでノーと言えるよう、一緒にシナリオを考えた。誰かに何かを頼まれたら、「今抱えてる用事をチェックしてから、お返事するわ」と答えることにしたのだ。そうすれば、やりたいかどうか、じっくり考える時間が持てる。その上でイエスと答えたなら、相手を喜ばせるためだけでなく、自分がやりたくて引き受けたのだ、とわかる。

即座にイエスと答えるのがクセになっているなら、答える前に自分の決断を検討するコツ

を学ぼう。頼まれごとをしたら、まずは次の問いを自分に投げかけてみるといい。

1．**これは、私のやりたいことだろうか？**　みんなを喜ばせようとする人は、自分のやりたいことすらわかっていない。頼まれたら即やるのが当たり前になっているからだ。時間を取って、自分の意見を検討しよう。

2．**これを引き受けたら、何を手放すことになるだろう？**　誰かのために何かをすれば、自分は何かを手放さなくちゃいけない。家族との時間かもしれないし、お金がかかるのかもしれない。決断を下す前に、イエスと答える意味をよく理解しよう。

3．**これを引き受けたら、何を得られるだろう？**　相手との関係がよくなるかもしれないし、引き受けた作業を楽しめるかもしれない。イエスと答えるメリットを考えよう。

4．**これを引き受けたら、どんな気分になるだろう？**　腹が立ったり、恨みがましい気分になる？　それとも、ハッピーで誇らしい気分になる？　どんな気分になるか考える時間を取ってから、答えを出そう。

できない言い訳をする必要はない。理由の説明はいらない。断るときは、「できればいいんだけど、できそうにないの」とか「申し訳ないけど、ムリだわ」と率直に答えればいい。ノーと言うのに慣れていないなら、ちょっぴり訓練が必要だが、時間と共にそう難しくはなくなっていく。

きっぱりとした態度を取る訓練をしよう

人と衝突するのは、悪いことや怖いことだとは限らない。むしろ、はっきり意見を言い合うのはとても健全だし、懸念を伝えることで関係が改善される場合もある。

ミーガンはあるとき、いとこと向き合い、「これまでずっと利用されてきた気がするの」と伝えた。いとこは頭を下げ、「そんな気持ちにさせてたなんて、気づかなかった。もう二度と同じことはしないわ」と約束した。ミーガンも、「私のせいでもあるのよ」と認めた。やりたくないのに、はっきり断らなかったのは自分だから。二人は縁を切るのではなく、仲直りすることができた。

誰かに利用されている、と感じたら、それをはっきり口にし、自分が望むところを伝えよう。多くを求めたり、失礼な態度を取る必要はない。たとえ言いにくいことでも、相手を尊重し、礼儀正しく伝えることはできる。それには、自分の気持ちと事実をきちんと伝えること。あくまでも「私」の目線で話すのがポイントだ。「あなたは絶対に時間を守らないよね」ではなく、「いつも30分遅れてくるから、私がいらいらしちゃうの」と。

子どもたちの顔が曇るのに耐えられない、という親も多い。子どもに泣かれるのがいやだとか、「意地悪だ」と思われたくなくて、「できない」と言いにくいのだ。わが子、友達、同僚、あるいは見知らぬ誰かであれ、相手が腹を立てていると思うといやな気分になるのは、自己主張に慣れていないからだ。でも訓練すれば、きっぱりとした態度が取れるようになる。

「みんなにいい顔をする習慣」をやめれば、強くなれる

自分らしい人生を楽しむためには、口にする言葉やふるまいが、信条と一致していなくちゃいけない。みんなを喜ばせようと気をもむのをやめて、自分の価値観に従って生きる勇気を持てば、次のようなたくさんのメリットが得られるだろう。

1. **自信が高まる。**みんなをハッピーにする必要はないと気づけば、自立心と自信が高まる。自分の行動に周りが反対しても、正しい選択だと知っていれば決断に満足できる。
2. **自分の目標に、多くの時間とエネルギーを注げる。**周りが望む人間になろうとエネルギーをムダにすることがないので、自分のすべきことに時間とエネルギーを注げる。目標に向かって努力できるので、成功する可能性も高まる。
3. **ストレスが減る。**健全な境界線や制限を設けると、ストレスやいらいらが激減する。人生の手綱を握っている、と感じられるようになる。
4. **健全な人間関係が築ける。**きっぱりとした態度を取れば、相手も尊重してくれる。コミ

ユニケーションが改善されるので、他人に怒りや恨みを募らせることがなくなる。

5. **意志力が高まる。**『Journal of Experimental Psychology』に掲載された２００８年の研究によると、誰かを喜ばせるためではなく、自分で選択したときは、意志力が大いに高まる。人の機嫌ばかり取っていたら、目標の達成は難しい。自分にとって最善の選択だと信じていれば、頑張り通す意欲が持てる。

全世界をハッピーにしようと気をもまない！

人生において、自分の価値観に従って行動できる分野もあれば、周りを喜ばせようと気をもんでしまう分野もあるだろう。他人の機嫌を取っていないか、目を光らせよう。そして、みんなをハッピーにする価値観ではなく、自分の価値観に従って人生を生きる努力をしよう。

06「リスクを取らない習慣」をやめる

デールは30年近く、高校で技術の教師をしていた。仕事は好きだけど、もうそれほど熱心に教えてもいない。「自分で家具店を開いたら、もっと融通の利く自由な暮らしができて、お金も稼げるのになぁ」と夢見ているのだ。でも妻に話すと、あきれたようにくるりと目を回し、「夢ばっかり見てるんだから」と言われてしまった。

考えれば考えるほど、妻の言う通りだと思う。それでも、このまま教師を続けていたくはない。理由のひとつは、教えるのに飽きていたこと。そしてもうひとつは、どうやら燃え尽きてしまったこと。もう以前のようにうまく教えられない自分に気づき、教師を続けるのは生徒に申し訳ない、と思うようになった。

とはいえ、でっかい夢を抱くのはこれが初めてじゃない。かつてはヨットの上で暮らすのを夢見ていたし、ハワイにB&Bを開きたい、と思っていた時期もある。

アイデアを一度も形にしようとしなかったのは、どんなときも「家族を養わなくちゃ」と思っていたからだ。今では子どもたちも大きくなり、妻と二人、お金に困ってもいないけれど、「定年まで教師を続けないと」と思っている自分がいる。

重い足取りで日常生活を続けるうちに、気がふさぐことが増えてきた。これほどの挫折感と落ち込みは経験したことがない。セラピーを受けたのは、「どこか悪いに違いない」と思ったからだ。こんなに仕事を楽しめないなんて、教師になって初めてのことだった。

セラピーをしてみると、「カミさんの言う通りなんだよ」と言いながら、デールが心の奥ではわくわくしているのがわかった。「家具店を開く」と口にしただけで、顔がぱっと輝き、しぐさも変わり、機嫌も一気によくなった。

「これまでにリスクを取った経験は?」と尋ねると、「昔、不動産投資で大損したことがある」と答えた。それからというもの、金銭的なリスクは恐ろしくて一切取っていない。デールは言った。「今でも起業したくてたまらないけど、定職を手放すのが怖いんだ。家具職人としての腕には自信があるけど、ビジネスの知識がないからね」

そこで私たちは、ビジネスの世界を知る方法について話し合った。デールは「コミュニティ・カレッジで、ビジネスの授業を受けてみようかな」「地元のビジネス・ネットワーキング・グループに参加して、起業を後押ししてくれる先生を見つけたいな」などと言い出した。アイデアを胸に、起業するメリットとデメリットをしばらく検討した。

何週間もたたないうちに、デールは決心をした。パートタイムで起業しよう、と。まずはガレージで、週末と夜に家具づくりをする。必要なものはほとんどそろっているから、新しい材料に少し投資する程度で、費用はほとんどかけずに起業できそうだ。最初は店舗を構えず、オンラインと新聞を通して家具を売る。反響が大きければ、ゆくゆく店舗を持つことを考えればいい。そのとき、教師の仕事も辞められるだろう。

夢を形にしよう、と考え始めた途端に、気分は驚くほどよくなった。さらに何度かセラピーを受け、目標に向かって歩を進めるうちに、デールはどんどん回復していった。1ヵ月後のセラピーでは、とても面白いことを言った。「家具づくりを始めたら、今までにないほど技術の授業が楽しくなったんだ。起業できると思ったら、教える情熱も戻ってきたみたいだよ」

今後も家具づくりを続けるつもりだが、教師を辞めるかどうかはわからないという。それどころか、家具づくりで学んだ新しいことを、わくわくしながら生徒たちに教えている。

なぜ、リスクを避けるのか？

人生には、さまざまなリスクがある。金銭的、身体的、精神的、社会的リスク、ビジネス上のリスクなど、数え上げればきりがない。人は往々にして、怖いからとリスクを避ける。

そのリスクを取ることで、力をフルに発揮できるかもしれないのに。次の文章の中に、自分に当てはまるものはないだろうか？

□　人生の大事な決断をなかなか下せない。
□　やりたいことを延々と夢見ているものの、実行に移すことはない。
□　決断について考えていると不安が募るので、衝動的に決めてしまうことがある。
□　もっと大胆でわくわくするような体験ができる、と感じているが、怖くて踏み出せない。
□　最悪のシナリオしか頭に浮かばないので、いちかばちか挑戦してみることはない。
□　自分で決断しなくてすむよう、自分のことを他人に決めてもらうことがある。
□　怖いという理由で、社会的、金銭的、身体的リスクなどを避けている。
□　恐れの度合いに、決断を左右される。少し怖いくらいなら行動を起こすが、本気で恐れているときは、「リスクを取るのは軽率だ」と判断してしまう。
□　結果はおおむね運次第だ、と考えている。

リスクを計算するすべを知らないと、恐れがふくらむ。そして、恐れていると、リスクを避けるようになる。だが、しかるべき手段を取れば、リスクを正確に計算できるようになり、訓練次第で、リスクに対処するコツを覚えることができる。

不安が理屈を打ち負かす

たしかな根拠がなくても、感情に打ち負かされてしまうことがある。「何ができるだろう？」と考える代わりに、「こうなったらどうしよう」という思いで頭をいっぱいにしてしまうのだ。だが、リスクがそれほど無茶なものだとは限らない。

うちのラブラドール・レトリバーのジェットくんは、かなり感情に流されやすい。行動は、１００パーセント感情に支配されている。その上どういうわけか、おかしなものをひどく怖がる。たとえば、「床」が怖いのだ。カーペットを歩き回るのは大好きなのに、リノリウムの床を歩くよういくら促しても言うことを聞かない。床はつるつるすべるもの、と思い込んでいるから、転ぶのが怖くて踏み出せないのだ。

人が不安に対処するときと同じで、ジェットも恐れを手なずけようと、自分なりにルールを設けている。リビングのフローリングは歩けるけれど、廊下の床タイルには絶対に足を踏み入れない。以前は廊下の端っこで、何時間もクンクン鳴いていたものだ。私の仕事場へ行きたいけど、タイルを踏むリスクは冒したくないから。そのうち「リスクを冒しても行く価値がある」と気づいてくれると期待していたけど、そうはならなかった。結局、私が小さなラグを敷いて通り道をつくり、ジェットは慎重にラグからラグへと歩いていく。

そんなジェットのルールにも例外はある。キャットフードがかかっているときは、進んでリスクを取るのだ。キッチンにネコのために用意した手つかずのキャットフードのお皿がある、と知ってからは、わくわく感が恐れを打ち負かしている。

ほぼ毎日、家族が見ていないと思えば、ジェットはゆっくりとキッチンに片足を踏み入れる。間もなく両足が床につくと、ぎゅーっとキッチンの奥へめいっぱい身体を伸ばす。そのうち3本目の足が床につくと、最後の足はカーペットに残したまま、またなるべく遠くまで身体を伸ばす。どの床が「安全」でどの床が「怖い」のか、どう判断しているのかは、わからない。根拠はなくても、ジェットの目には理にかなっているのだろう。

ばかばかしいでしょ？　でも人間だって、同じやり方でリスクを計算している。理屈じゃなくて感情で判断しているのだ。恐れの度合いとリスクの度合いがイコールだと勘違いしているけど、たいていの場合、感情に根拠はない。

リスクを計算するすべをしっかりと身につければ、取る価値のあるリスクがわかるし、リスクを取ること自体がそう怖くなくなる。

リスクについて冷静に検討しよう

リスクを計算するには、自分の行動がポジティブな結果を生むか、ネガティブな結果を生むか、その確率を予想した上で、結果の影響の大きさを評価しなくてはならない。たいていの場合、人はリスクに大きな不安を感じて思考停止になってしまう。そして、リスクを取ればどうなるか、結果をよく理解しないままに、危険そうな考えや夢をすべて封印してしまうのだ。

リスクはまず、思考プロセスの中に登場する。新しい家の購入を考えているにしろ、シートベルトの着用を迷っているにしろ、私たちの決断にはリスクの度合いが関係してくる。リスクへの考え方が感情に影響を及ぼし、最終的には行動を左右するのだ。

たとえば、車を運転するときは、安全と法のリスクと時間とのバランスを考えなくてはならない。スピードを上げれば上げるほど、車に乗っている時間は短くてすむが、スピードを上げれば、事故に遭うリスクも法的責任を問われるリスクも高くなる。

毎朝出勤のたびに、どんなスピードで走ろうかと頭を悩ます人はいない。制限速度を守るのか無視するのかは、習慣によるところが大きいだろう。でも、遅刻しそうになったら、身体的・法的リスクを冒すのか、遅刻のリスクを冒すのか、判断しなくちゃならない。

実のところほとんどの人は、どのリスクを冒し、どのリスクを避けるべきか、計算する時間をあまり取らない。その代わり、感情や習慣に任せて決断している。「怖い」と感じたらリスクを避け、メリットに心が躍ればリスクを見過ごすことが多い。

「リスクを取らない習慣」の問題点

スイス生まれのオスマール・アンマンは、アメリカに移住してエンジニアになった。ニューヨーク港湾管理委員会の主任エンジニアとしてスタートした彼は、7年もたたないうちに技術課長に昇進した。誰の目にも、重要な仕事を任されていたのだ。だが、物心ついた頃からずっと、彼の夢は設計士だった。そこで誰もがうらやむ仕事を捨て、独立する道を選んだ。

その後は、ヴェラザノ・ナローズ橋、デラウェア・メモリアル橋、ウォルト・ホイットマン橋といったアメリカ屈指の素晴らしい橋の設計に貢献した。豪華絢爛で複雑な建造物を設計・構築する才能のおかげで、数々の賞にも輝いた。

アンマンの何より素晴らしいところは、転職したとき、すでに60歳だったことかもしれない。そして、86歳まで傑作を世に送り続けた。「もうリスクは取りたくない」と誰もが思う年齢で、あえて挑戦することを選んだおかげで、夢を実現できたのだ。

どうってことないリスクだけを取っていたのでは、またとないチャンスを逃してしまう。リスクを承知で挑戦するかどうかで、可もなく不可もない人生を送るか、ひとかどの人物になるかが決まることも多い。

感情が正しい選択の邪魔をする

交通の激しい大通りは、ちょっぴり恐ろしいものだ。だからこそ「左右を確認して渡らなくちゃ」と思い、車にひかれるリスクを抑えられる。怖いと思わなければ、無謀な行動を取るだろう。

でも、私たちの「恐れのメーター」が常に当てになるとは限らない。危険にさらされてもいないのに、警報がピーピー鳴ることもある。人は恐れていると、ついそれに見合った行動を取る。「怖いのだから、すごく危ないに違いない」と思い込んで。

意思決定のプロセスにおいては、自分の感情を把握しておくことも大切だ。悲しい気分のときは、失敗を予想してリスクを回避したくなる。幸せな気分のときは、リスクを無視してどんどん前に進みたくなるだろう。

研究によると、リスクとは何ら関係のないことへの恐れが、決断に影響を及ぼすこともある。たとえば仕事でストレスを抱えているときに新居の購入を考えると、ストレスがないときよりも、購入のリスクを大きく感じやすい。人は、自分の感情に影響を及ぼしている要因を特定するのが下手なので、すべてを一緒くたにしてしまうのだ。

リスクのパターンを理解して、恐れを和らげる

不安を感じる度合いによって、リスクについての最終決断をしてはいけない。感情など、まるで当てにならないかもしれないのだから。感情的になればなるほど、ばかげた考えが頭をもたげてくる。感情的な反応を抑えるには、目の前のリスクをなるべく合理的に判断すること。

飛行機に乗るのが怖い、という人はたくさんいる。この恐れはおおむね、自分で手綱を握れないせいで生じる。手綱を握っているのはパイロットだから。飛行機が怖いあまり、とてつもない距離を車で移動する人もいる。彼らの決断は理屈ではなく感情任せだ。冷静にデータを見れば、自動車事故で死ぬ確率は約5000分の1だが、飛行機事故で死ぬ確率は、100万分の1にすぎない。

リスクを取るなら、とくにそれが自分の幸せを左右するものなら、勝ち目のある選択をしたくはないだろうか？　それなのにほとんどの人は、一番不安の少ない道を選ぶ。

リスクについて、自分がどんな考え方をしているかに注意を払おう。そして、感情だけではなく事実に基づく決断をしよう。研究によると、人はリスクを正確に計算するのが苦手だ。恐ろしいことに、人生の重大な決断の多くは、次のような状況で下されている。

1. **人は、状況における自分の力を見誤る。**自分が手綱を握っている、と感じると、人は進んで大きなリスクを取る。たとえば、運転席に座っているときのほうが居心地よく感じるが、自分がハンドルを握っているからといって、事故を防げるとは限らない。

2. **人は、安全装置があるときほど、無謀な行動を取る。**「セーフティ・ネットがある」と思うと、人はいつもより無茶な行動に走り、結局リスクを高める。シートベルトを着用しているときほど、スピードを上げる傾向がある。保険会社によると、車の安全機能の充実と事故率の上昇には、相関関係があるという。

3. **人は、力量か運かを見分けられない。**カジノによると、ギャンブラーは、サイコロゲームでどの目を出したいかによって、投げ方が変わる。大きい目を出したいときは強く投げ、小さい目を出したいときは優しく投げる。運に左右されるゲームなのに、自分の力量がものを言うかのようにふるまうのだ。

4. **人は、迷信に左右される。**ラッキーアイテムを身につける実業家や、家を出る前に星占いをチェックする人がいるように、リスクを取る意欲には迷信も影響を及ぼしている。13日の金曜日には飛行機に乗る人が1万人減り、保護施設から黒ネコを引き取る人も減る。研究によると、中指と人差し指をクロスさせて幸運を祈ると運がよくなる、と大多数の人は信じているが、それで本当にリスクが減るわけではない。

5．人は、もうけが大きいと簡単にだまされる。不利な状況にあっても、たとえば宝くじのように極端にもうけが大きければ、人は成功の見込みを買いかぶる。
6．人は、なじみのあるものに安心感を抱く。リスクを取れば取るほど、目の前のリスクの大きさを見誤るようになる。同じリスクを何度も冒しているうちに、リスクと認識しなくなるのだ。毎日職場まで猛スピードで車を飛ばしていたら、わが身をどれほど危険にさらしているかを、見誤るようになる。
7．人は、リスクの認識において、他人の力を信頼する。感情は伝染しやすいので、煙のにおいに反応しない人たちと一緒にいると、自分もそれほど危険を感じない。だが、周りがパニックに陥ると、自分もつられて大いに反応する。
8．人は、リスクの認識において、メディアの影響を受けやすい。奇病に関するニュースによく触れている人は、その病気にかかる確率が高いと感じる。同じように、自然災害や悲惨な事件のニュースを見ていると、災難に遭うリスクが実際より高い気がしてくる。

リスクは最小に、成功は最大に

私が通っていた高校では、卒業式に、首席の生徒が総代としてスピーチをすることになっていた。高3の半ば頃、自分が総代になりそうだと知った私は、喜びよりもスピーチの恐怖に震えた。当時はひどく内気で、クラスでほとんど口を利かないほどだった。それなのに、壇上に立って満員の講堂でスピーチをするなんて、考えただけでひざがガクガクした。

原稿を書こうにも、言葉が出てこない。大勢の前で話さなくちゃと思うと、とても集中できないのだ。それでも締め切りは刻々と迫ってくる。何とかしなくちゃ。

「鏡の前で練習してごらん」

「観客がみんな、パンツ一丁だと思えばいいのよ」

こんなありきたりのアドバイスでは、緊張は和らぎそうもない。そこで私は、「いったい何が怖いのだろう？」とじっくり考えてみた。すると、聴衆に拒絶されるのが怖いのだ、とわかった。スピーチを終えたあとに会場がしーんと静まり返る様子を、繰り返し思い浮かべていたのだ。何とかリスクを抑えようと仲間に相談すると、素晴らしい計画を立ててくれた。

数週間後の卒業式の日。がちがちに緊張しながらも私は演壇に立ち、スピーチの間中、声を上ずらせつつも何とか役目を終えた。そのとき、仲間たちが計画を遂行し始めた。ちょうどいいタイミングでさっと立ち上がると、世界一のロックコンサートを観たあとのように、パチパチと拍手喝采してくれたのだ。そうしたら、何が起こったと思う？　そう、ほかの人たちもあとに続いた。こうして私は、スタンディング・オベーションに包まれた。

頑張ったんだから当然？　いや、それほどうまくなかった？　そんなことはこの際、どうでもいい。大事なことは、最大の恐れ——誰も拍手してくれないこと——から解放されれば、スピーチをやり遂げられる、と私が知っていたこと。

ある状況であなたが経験するリスクの度合いは、あなたならではのもの。人前でのスピーチがリスクになる人もいれば、まったくならない人もいる。自分が冒そうとしているリスクの度合いを計算するために、次の問いを自分に投げかけてみよう。

1．**どんな損失が考えられる？**　リスクにまつわる損失が、目に見えるもの——たとえば投資のお金など——の場合もあれば、拒絶されるなど、目に見えないものの場合もある。

2．**どんなメリットが考えられる？**　リスクを取ることで得られる、プラスの結果を考えてみよう。うまく転べば、何が起こるか想像してみるのだ。資金が増える？　人間関係がよくなる？　健康になれる？　損失を上回る大きなメリットがなくてはいけない。

3．**目標達成の助けになる？**　自分の、より大きな目標を検討し、リスクが目標の達成にどう役立つのかを考えるのは、大事なことだ。たとえば、もっとお金を稼ぎたい、と思っているなら、起業がその目標にどう貢献するかを考えて、リスクを検討しよう。

4．**ほかにどんな選択肢がある？**　リスクを取るか取らないか、二者択一であるかのように考えてしまうことがある。でも、目標達成を後押ししてくれる機会は、さまざまある。いろいろな選択肢に気づき、十分に情報を集めた上で決断することが大切だ。

5．最高のシナリオが実現したら、どうなる？　リスクを取るメリットと、そのメリットが人生にもたらす影響を、じっくりと考えよう。最高のシナリオならどんな恩恵がもたらされるか、現実的な期待をふくらまそう。

6．最悪の事態とは何だろう？　どうすればそのリスクを減らせるだろう？　最悪のシナリオをじっくり検討し、そうなるリスクを最小に抑えるために取れる手段を考えることも大切だ。たとえばある事業に投資したいなら、成功の見込みを高めるために何ができるだろうか？

7．最悪のシナリオが実現したら、どうなる？　病院や都市や政府が災害対策計画を持っているように、自分も対策を用意しておくと役に立つ。最悪のシナリオが実現したら、どう対処するか、計画を立てておこう。

8．決断は、今後5年間にどんな影響を及ぼす？　事実を常に正しくとらえておくために、そのリスクが自分の今後にどれほど影響するか、自問しよう。小さなリスクなら数年後には覚えてもいないだろうが、大きなリスクなら今後に大きな影響を及ぼしかねない。

答えを書き出しておくと、読み返せるので役に立つ。リスクを正しく計算するだけの事実がそろっていない場合は、さらによく調べ、なるべくたくさんの情報を集めること。情報が手に入らない場合は、手持ちの情報で最善の決断をする、と心に決めよう。

「リスクを取らない習慣」をやめれば、強くなれる

英国に拠点を置くヴァージン・グループの創設者であるリチャード・ブランソンは、リスクを取ることで有名だ。もっとも、挑戦することなく400社もの企業を経営することはできない。ただしブランソンの場合、リスクを取っても必ず報われてきた。

子ども時代のブランソンは、学習障害の一種である失読症を抱え、成績がふるわなかった。でも、それにひるむことなく、若くしてベンチャー・ビジネスに乗り出した。

15歳で、鳥を繁殖させて販売するビジネスを立ち上げ、その後はレコード会社、航空会社、携帯電話会社……現在ブランソン帝国の純資産は、50億ドルとも言われる。今やのんびりとくつろいで、たわわに実る果実を楽しんでいられるのに、相変わらず意欲的に活動している。

「ヴァージンでは、私は二つのテクニックを使って、チームがマンネリに陥らないようにしています。それは記録を更新することと、リスクを取ること」と、彼はアメリカの雑誌『アントレプレナー』で語っている。「リスクを取ることは、自分自身と自分のグループを試し、みんなで楽しみながらこれまでの限界を超える、素晴らしい方法です」

そう、ブランソンは常に限界を超えていく。彼のチームは、人々が「うまくいくもんか」と言う商品をつくり、「ムリだ」と言われながら挑戦し、記録を更新する。だが、それについて本人は言う。「私が取るリスクは無謀なギャンブルではなく、『戦略的判断』です」と。

成功は、転がり込んでくるものじゃない。自分で追い求めるものだ。じっくりとリスクを計算した上で未知の世界に一歩踏み出せば、夢を実現し、目標を達成できるだろう。

挑戦することを恐れない！

今自分がどんなリスクを取っているか、そのリスクにどんな感情を抱いているかを観察しよう。また、どんなチャンスを見送っているかにも、目を向けよう。そうすれば、多少不安を覚えても、一番メリットの大きいリスクを取れるようになる。

心に留めておこう。リスクの計算には訓練が必要だが、訓練を重ねれば、学んで成長することができる。

07 「過去を引きずる習慣」をやめる

グロリアは55歳のよく働く女性だが、ひどいストレスを訴えてセラピーを勧められた。最近、28歳になる娘がまた家に戻ってきたのだという。娘は18歳で家を出て以来、もう10回以上、戻ったり出たりを繰り返している。たいていは新しい恋人ができると、数日後とは言わないけど、数週間後には、相手の家に転がり込む。でも、結局うまくいかずに、またグロリアの家に戻ってくるのだ。

娘は無職で仕事を探す様子もない。一日中だらだらテレビを観たり、ネットサーフィンをして、家事を手伝うどころか、自分が散らかした場所すら片づけない。「メード付きホテルを提供してるようなものよ」と言いながら、グロリアはいつだって娘を快く受け入れてしまう。「せめて居場所くらい与えてやらないと」と、考えているからだ。

彼女は、「いいママじゃなかった」と自覚している。夫と離婚してからつき合った男たちの多くは、とうてい子どものお手本にはならないタイプ。自分自身、子育てよりも飲み会やデートにうつつを抜かしていた、と今になって思う。娘が今苦労しているのは、自分が犯した過ちのせいだ、とも感じている。

セラピーを始めてわかったのは、グロリアが自分の子育てを恥じるあまり、もう成人している娘のふるまいを大目に見ていること。彼女のストレスの大半は、子どもじみた娘への不安から生じている。娘の将来が心配でならず、就職して自立してほしい、と願っているのだ。

話せば話すほど、グロリアは自覚することになった。恥ずかしさや後ろめたさのせいで、今もよい親になれずにいる、と。前に進み、娘にとって最善のことをするためには、自分自身を許し、過去にくよくよこだわるのをやめなくちゃいけない。

それから数週間かけて、グロリアが過去をどんなふうに見ているかを調べていった。娘の子ども時代を振り返るたび、「あの子のことを一番に考えていたとは言えないわ。何てひどい親なの」「娘が今苦労してるのは、私のせいよ」と考えてしまう。こうして思いを掘り下げていくうちに、ゆっくりと、だが着実にグロリアは理解し始めた。自責の念が、今の娘への接し方に影響を及ぼしている、と。

そして少しずつ、現実を受け入れ始めた。たしかに優しいママではなかったけれど、今その罰を自分に与えたところで、過去は変えられない。しかも、娘に対して今取っている姿勢は、償いになるどころか、娘の自滅的な行動を後押ししている。

新たな姿勢を身につけたグロリアは、娘に対していくつかのルールと制限を設けた。「熱心に職探しをするなら、家にいてもいい」と告げたのだ。「やり直すための時間は喜んで与えるけど、2ヵ月たってもまだここに住みたいなら、そのときは家賃をいただくわ」と。娘は最初こそ腹を立てていたけど、数日のうちに職探しを始めた。

数週間後、セラピーにやってきたグロリアは、誇らしげに言った。「娘が仕事を見つけたの。今回のは一生の仕事になるかもしれない。あの子、すごく変わったわ。夢を語るようになったのよ」

まだ完全に過去の自分を許せたわけではないけど、気づいたのだ。18年間ひどい親でいたことより悪いことがあるとしたら、次の18年間もひどい親のままでいることだ、と。

過去にくよくよこだわらない

先週の出来事をくよくよ思い返す人は多いが、時には、何年も前の出来事にこだわってしまうこともある。次の文章の中に、自分に当てはまるものはないだろうか?

□ 巻き戻しボタンを押して、人生のある部分をやり直せたら、と思う。
□ 過去をひどく後悔して、苦しんでいる。

□違う道を選んでいたら、人生はどう変わっていただろう？　と、思い巡らしてしまう。
□人生最高の時期はもう過ぎ去った、と感じることがある。
□過去の思い出を、映画のワンシーンのように心の中で何度も再生している。
□過去の思い出の中で、違う言動を取り、別の結果になる様子を思い浮かべることがある。
□自分自身を罰したり、「私なんか幸せになる資格がない」と思い込んでいる。
□自分の過去を恥じている。
□失敗したり、恥をかいたりすると、心の中で何度もそのシーンを再現してしまう。
□別のやり方を「すべきだった」「できたはずだった」事柄について、延々と考えてしまう。

自分を省みるのは健全なことだが、過去にくよくよこだわると、今を楽しめず、今後の計画も立てられなくなり、自分をだめにしてしまう。過去にしばられる必要はない。今この瞬間を生きることを選んでいいのだ。

なぜ、過去にしばられるのか？

あとを引く罪悪感、恥ずかしさ、怒りは、人を過去にしばりつける感情の、ほんの一部にすぎない。あなたは無意識に、こんなことを思っていないだろうか？「みじめな気分を十分に味わえば、いずれは自分を許せるようになるだろう」と。

心の奥底で、「私なんか幸せになる資格がない」と思い込んでいることに、気づいてさえいないのではないだろうか？

私の母が亡くなって2週間が過ぎた頃、父の家が火事になった。燃えたのは地下室だけだったけど、煙と真っ黒なすすが家中を覆ってしまった。家の中はすべて、保険会社が雇った人たちの手で徹底的に掃除された。母の持ち物が、縁もゆかりもない人たちに動かされてしまったことを、私は悲しんでいた。

すべてを母がいたときのままにしておきたかった。母の服は、母がクロゼットにしまった状態のまま掛けておきたかったし、クリスマスの飾りも、母がしまったまま箱に収めておきたかった。そしていつか——ずっと先に——母の宝石箱を開けて、母が最後にアクセサリーをどう並べたのかを見てみたかった。

何年かたって、リンカーンが亡くなったときも、すべてをそのままにしておきたい、と思った。彼がどんなふうに服をクロゼットに掛けていたのか、どの本から順に読んでいたのかを突きとめれば、たとえもうここにいなくても、彼をもっと知ることができるような気がした。物を動かしたり、処分してしまったら、彼の情報や新たな発見の貴重な糸口が失われてしまう。学ぶことがある、と思っている限り、彼をこの世に引き止めておけるような気がした。1枚の紙にだって、メモが残っているかもしれないし、私の知らない写真が見つかるかもしれない。どうにかして、リンカーンとの新しい思い出をつくりたかった。

でも、すべてをそのままに、という試みは、うまくいかなかった。言うまでもないけれど、世の中は動き続けている。何ヵ月もたつうちに、すべてをタイムカプセルに入れておきたい、という思いを、少しずつ手放すことができた。「リンカーンが手書きしたものを捨てても大丈夫」と、ゆっくりと自分を励まし、彼が購読していた雑誌も処分した。

それでも、正直に言おう。歯ブラシを捨てるのには、2年かかった。使う人がいないことはわかっているけど、彼を裏切るようで捨てられなかった。過去に生きるほうが心地よかったのは、そこにはリンカーンがいて、リンカーンとの思い出があるから。でも、世の中が刻々と変化し前に進んでいく中で、過去にしがみついているのは健全じゃないし、何にもならない。私はただ、「前に進んでも、素晴らしい思い出は何ひとつ消えない」と信じるほかなかった。

セラピストとして、患者さんが論理的に考えられるようサポートをしてきたけど、悲しみはばかげた考えを山ほど連れてくる。私も、リンカーンが生きていた過去にずっとしがみついていたかった。でも、そんなことをしていたら、新たに幸せな思い出をつくることは絶対にできなかっただろう。

「今」が不満だから「過去の栄光」にひたる

人が過去にとらわれるのは、悲惨な出来事のせいだけじゃない。今に目を向けたくなくて、過去にこだわる場合もある。あなたの知り合いにもいないだろうか？　高校代表チームのジャケットに無理やり身体を押し込んで「過去の栄光」を語る、40歳の元クォーターバック。あるいは、高校のダンスパーティでクイーンに選ばれたことを、いまだに得々と語る35歳のママ。人は、今抱えている問題から逃れたくて、過去を美化することが多いのだ。

「あの頃」はもっとお気楽だった、幸せだったと、つい過去にしがみつきたくなる。今の生活をもたらした自分の決断を後悔し、こんなことを言い出すかもしれない。

「あの彼と結婚してたら、今もきっと幸せなはずよ」

「大学を辞めなかったら、好きな仕事ができたのに」

「新しい街へなんかついていかなかったら、今でもいい生活をしていたわ」

でも、そうだろうか？　別の選択をしていたら、どんな人生が待っていたかなんて誰にもわからない。

「過去を引きずる習慣」の問題点

いくら思いを巡らしても、過去は変えられない。それどころか、すでに起こってしまったことにくよくよし、時間をムダにしていたら、今後さらに多くの問題を抱えることになる。過去を引きずっていると、最高の自分になる力が損なわれるのだ。たとえば、次のように。

1. **「今」あるチャンスを見逃してしまう。** 心が過去にしばられていたら今を楽しめない。すでに起こったことに気を取られていると、目の前の新たな機会や喜びを味わうチャンスを失う。
2. **今後の準備ができない。** 過去のことで頭をいっぱいにしていると、目標を明確にしたり、変化を起こす意欲を保つことができない。
3. **意思決定能力が鈍る。** 過去の問題が解決していないと、その葛藤が判断を鈍らせる。きのう起こったことを片づけておかないと、今日の自分にとって何が最善か、健全な判断を下せないのだ。
4. **何の解決にもならない。** 頭の中で同じシーンを何度も再生し、今やどうすることもできない事柄に心を注いでも、何の解決にもならない。
5. **うつ病になりかねない。** ネガティブな出来事を反芻していると、ネガティブな感情がわいてくる。悲しい気分でいると、さらに悲しい思い出がよみがえってくるだろう。過去を引きずると、ネガティブな感情にはまる悪循環に陥りかねない。

6．**過去を美化しても、役に立たない。**昔はもっと幸せだった、自信があった、気楽だった、と思い込むのはたやすいが、過去を美化しすぎている可能性が高い。同じように、今の状況を悪くとらえすぎている可能性もある。

7．**健康に悪い。**２０１３年にオハイオ大学の研究者が行った調査によると、常にネガティブな出来事について考えていると、体内の炎症が悪化する。過去にこだわっていると、心臓病、がん、認知症関連の病気にかかるリスクが増大しかねない。

過去を受け入れて前に進もう

過去へのこだわりは思考プロセスとして始まるが、そのうち感情や行動にも影響を及ぼし始める。過去に対する考え方を改めれば、前に進むことができる。

1．**過去の出来事について考える時間を設けよう。**脳が、物事の整理を必要とする場合がある。考えまいとすればするほど、一日を通して何度も思い出がよみがえってくる。そんなときは、思い出を無理に抑えようとせず、「今夜、夕食のあとに考えよう」と自分に言い聞かせること。そして夕食後に考える時間を20分間取り、それが終わったら、別のことをしよう。

2．**別のことを考えよう。**別のことを考えられるよう、計画を立てること。たとえば、逃した仕事について思い巡らしてしまうときは、次の旅行の計画に没頭する、と決めておくのだ。寝る前についネガティブなことを考えてしまうときには、とくに効果的だ。

3．**今後の目標を立てよう。**今後の計画を立てながら、過去にくよくよこだわることはできない。短期的、長期的な目標を立て、達成するのに必要な行動ステップを踏もう。そうすれば、楽しみが持てるし、過去を引きずらずにすむ。

思い出は、自分が思っているほど正確ではない。不快な出来事を思い出すときは、たいてい事実を誇張し、とんでもない物語をつくり上げている。たとえば、会議での失言を振り返るときは、周りが実際より相当ネガティブな反応をしたかのように思い出すものだ。いやな思い出を振り返るときは、経験したことを正しくとらえるため、次のことを試してほしい。

1．**学んだ教訓に目を向ける。**つらい経験をしたなら、そこから学んだことに目を向けよう。すでに起こったことなのだ、と受け入れ、おかげで自分がどう変われたかを考えよう。その際、起こったことが必ずしも悪いこととは限らない、と理解しておくこと。ひどい扱いを受けたから、はっきりものが言えるようになったかもしれないし、人間関係を長続きさせるには誠実でいなくちゃいけない、と学べたかもしれない。とびきりつらい経験が、人生最高の教訓をもたらしてくれることもあるのだ。

2．**感情ではなく、事実を振り返る。**ネガティブな出来事を思い出すとひどく気がめいるのは、そのときの感情に目を向けるからだ。でも、記憶している事実の一つひとつを振り返るなら、それほどつらくはない。お葬式に参列したときの気持ちを思い出すのではなく、そのときの服装や座った場所、ほかの参列者など、具体的な事実を思い出すこと。そうすれば、くよくよこだわることも減るだろう。

3．**状況を別の視点で見る。**過去を振り返るなら、同じ状況を別の視点でとらえられないか、検討してみよう。どのように物語を紡ぐか、手綱を握っているのは自分だ。同じ物語でも語り方は無数にあり、そのどれもが真実だ。現行版がひどいものなら、ほかの見方ができないか、考えてみること。たとえばグロリアの場合なら、「娘の今の選択が子ども時代のせいだとは限らない」と自分に言い聞かせることもできる。

過去と仲直りしよう

ジェームズ・バリーが6歳のとき、13歳だった兄のデイビッドがアイススケートの事故で亡くなった。母親には10人の子どもがいたけれど、デイビッドが一番のお気に入りであることは誰もが知っていた。息子の死で心を乱された母親は、日常生活すらままならなくなった。そこで6歳のバリーは、母の悲しみを癒やそうと、できることは何だってした。心にぽっかりと空いた穴を埋めてあげたくて、デイビッド役を引き継ごうとしたくらいだ。兄の服を着て、兄そっくりに口笛を吹く練習をした。いつもぴたりと寄り添って、母をまた笑顔にするためだけに子ども時代を過ごした。

それなのに母親のほうは、大人になる大変さばかりをバリーに吹き込んだ。「大きくならないで。大人の生活は、悲しみと不幸でいっぱいだから。デイビッドが大人にならずにすんで、ちょっぴりホッとしているの。大人の現実と向き合わずにすんだのだから」

母を喜ばせたくて、バリーは子どものままでいようとした。とくにデイビッドの年を越えたくなかった。そんな試みが成長を妨げたのか、身長はなかなか150センチに届かなかった。

バリーはその後、世界で最も有名な児童文学、『ピーター・パン』を執筆した。主人公、ピーター・パンは、子どもの純真さと大人の責任感の間で葛藤する。そして、子どもであり続けることを選び、ほかの子どもたちにも同じことを勧める。おとぎ話としては、愉快なお話に聞こえるが、著者の人生を知るほどに、痛ましい話に思えてくる。

もしかしたら、私たちが悲しみに対して抱いている誤解が、「過去に生きる」という選択を後押ししているのかもしれない。多くの人は誤解している。誰かの死を悲しむ時間の長さが、その人への愛情の深さを示している、と。少し気にかけている程度の相手なら、悲しみは数ヵ月で消えるが、心から愛していれば、何年も、いや生涯ずっと悲しむはずだ、と。でも、そうだろうか？　悲しみにちょうどよい期間などない。実際、何年も、いや生涯にわたって悲しむかもしれないけれど、悲しみの量は愛情の量とイコールじゃない。

愛する人との大切な思い出を、あなたがたくさん持っていますように。だけど、前に進むことは、自分自身のために新たな思い出をつくり、自分にとって最善の決断をしようとめいっぱい努力すること。ほかの誰かの望み通りにふるまうことではないのだ。

過去のある場面をつらつらと思い巡らしている自分に気づいたら、過去と仲直りする必要がありそうだ。では、その方法をいくつか紹介しよう。

1．**前に進む許可を、自分に与える。**前に進むことは、大切な人との思い出を置き去りにすることではない。今この瞬間を楽しみ、人生を充実させるために、やるべきことをやればいい。

2．**過去を引きずる精神的なダメージに気づく。**過去に生きるのは、短期的な戦略としては悪くないが、長期的にはよい影響を生まない。過去のことを考えている限り、今起こっていることに目を向けずにすむが、長い目で見ればお勧めできない。過去に心を注いでいたら、人生のチャンスを見逃してしまう、と気づくこと。

3．**許す訓練をする。**過去の傷や怒りを引きずっているなら、自分や他人を許すことが、傷を取り除く助けになる。許しとは、起こったことを忘れることではない。たとえば、誰かに傷つけられたら、「今後は一切連絡を取らない」と決めた上で、許すこともできる。傷や怒りを取り除くことに目を向ければ、過去に心を奪われなくなる。

4．**過去を引きずる態度を改める。**「いやな思い出を蒸し返すのが怖いから」「自分にはそうする資格がないから」などの理由で、ある行動を避けているなら、とにかくやることを検討しよう。過去は変えられないが、受け入れることはできる。過ちを犯したからといって、過去に戻ってやり直したり、なかったことにはできない。自分が与えたダメージを修復する手段を講じることはできても、すべてを改善できるとは限らない。

5．**必要なら、プロの助けを借りる。**悲惨な出来事がＰＴＳＤ（心的外傷後ストレス障害）など、心の問題を引き起こすこともある。九死に一生を得るような体験をすると、フラッシュバックや悪夢に悩まされ、過去と仲直りするのが難しくなりがちだ。プロのカウンセリングを受ければ、よりよい形で前に進むことができる。

「過去を引きずる習慣」をやめれば、強くなれる

ウィノナ・ワードは、バーモント州の田舎で育った。家は貧しく、家庭内暴力が日常の光景だった。ワードは父親からしょっちゅう身体的・性的虐待を受け、母親が殴られるのもたびたび目にしていた。医師たちは母親の傷の手当てをし、近所の人たちも家族の悲鳴を聞いていたが、誰一人介入してくれなかった。

ワードは家族の問題を秘密にしたまま、学業に打ち込み、優秀な成績を収めていた。そして17歳のとき家を出て結婚し、夫と共に長距離トラックの運転手になった。運転手として16年間全米を旅したあとで知ったのは、兄が家族の一人を虐待していること。そのとき、「何かしなくちゃ」と心に決めた。家族の虐待の連鎖を断ち切るために、学校に戻る決心をしたのだ。

バーモント大学に入学し、夫が運転している間にトラックの中で勉強した。学位を取得し、さらにバーモント法科大学院に進んだ。法律の学位を取ると、少額の助成金をもらって、家庭内暴力に苦しむ地方の家族をサポートする「Have Justice Will Travel（移動法務サービス）」という組織を立ち上げた。

ワードは今、地方に住む家庭内暴力の被害者のために、無償で法的代理人として働き、社

会福祉への窓口にもなっている。多くの家庭は、相談しようにも窓口まで出向くお金も移動手段もないので、ワードが彼らの元へ向かう。家族が虐待の連鎖を止められるよう、教育とサービスを提供しているのだ。こうして、悲惨な過去を引きずるのではなく、今ほかの人たちのためにできることに、彼女は心を注いでいる。

過去を引きずらない、と決めることは、何事もなかったふりをすることじゃない。経験したことを受け入れて、今を生きることだ。そうすれば心のエネルギーが解き放たれ、自分が何者だったかではなく、何者になりたいかに基づいて、今後の計画が立てられる。気をつけないと、怒りや恥ずかしさや後ろめたさが、人生に口を出してくるだろう。そうした感情を手放せば、人生の手綱を握ることができる。

バックミラーばかり見つめない！

四六時中バックミラーをのぞき込んでいたら、フロントガラスから外を見ることはできない。過去にとらわれていたのでは、未来を楽しむどころではなくなってしまう。

過去を引きずっている自分に気づき、感情を癒やすのに必要な手段を取ること。そうすれば、前に進める。

08「同じ過ちを繰り返す習慣」をやめる

セラピールームを訪れたクリスティは、真っ先にこう言った。「私は大学も出ているし、同僚を怒鳴りつけないくらいの分別はあるの。なのにどうして、子どもたちに怒鳴り散らすのをやめられないのかしら?」。毎朝、10代の二人の子どもを怒鳴らない、と心に誓うのだが、夕方にはたいてい、少なくとも一人に声を張り上げている。

「子どもが話を聞かないと、ついいらいらして怒鳴りつけてしまうの」。最近は、二人ともほとんど話を聞こうとしない。13歳の娘は「何でやらなきゃいけないの?」とお手伝いをサボり、15歳の息子は宿題などどこ吹く風だ。職場で長い一日を終えて帰宅し、テレビやゲームに夢中の二人を見つけると、「しなくちゃいけないことがあるでしょう?」と注意する。でも、二人して言い返してくるから、結局怒鳴ることになる。

怒鳴るのが子どもによくないのは、百も承知だ。状況を悪化させるだけだ、とわかってもいる。自分は頭がよくて成功している、と自負してきただけに、子育てにこんなに苦戦するなんて……と目を白黒させている。

クリスティは、なぜ同じ過ちを繰り返してしまうのか、じっくりと考えた。わかったのは、怒鳴らずにしつける方法を知らないこと。だから、対策を立てるまで、怒鳴るのをやめられないだろうこと。そういうわけで、反抗的で無礼な子どもたちに対処しようと、いくつもの対策を立てた。まずは、「一度注意しても聞かなければ、罰を与える」というもの。

それから、「腹が立ってきたな」と、前兆を自覚するすべを学ぶ必要もあった。そうすれば、怒鳴り始める前に、一歩距離を置くことができる。ぶち切れてしまうのは、冷静さを失うと、しつけに対する合理的な思考もふっ飛んでしまうからだ。

クリスティは、新しい考え方を身につける必要があった。セラピーに初めて来たとき、彼女は言った。「何が何でも言いつけを守らせるのが私の責任だと思うの。でないと、子どもに負けたことになるでしょう?」。でも、このアプローチはいつだって裏目に出ているようだ。

「権力争いに勝たなくちゃ」という思いを手放せたとき、クリスティは新しい見方ができるようになった。子どもが言いつけを守らなければ、言い争ったり、無理に従わせようと頑張るのではなく、さっとゲーム機を取り上げればいい。

子育ての方針を改めるには、ちょっぴり訓練が必要だった。時には怒鳴ってしまうこともあるけれど、今では怒鳴る以外の対策も持ち合わせている。失敗するたびに原因を探り、また声を荒らげてしまうことがないよう、対策を立てている。

人はみな過ちの常習犯

私たちは「一度失敗すれば学べる」と考えたがるけど、実際には過ちを繰り返している。人間とはそういうものなのだ。過ちには、遅刻ぐせといった行動にまつわるものもあれば、みんなに嫌われていると思い込むような、認識にまつわるものもある。次の文章の中に、自分に当てはまるものはないだろうか？

□ 目標を達成しようとしても、たいてい同じところで行き詰まる。
□ 問題にぶつかっても、時間をかけて克服する方法を探すことはない。
□ 結局いつものやり方に戻ってしまうから、悪い習慣をなかなか断ち切れない。
□ 目標を達成できない理由を、時間をかけて分析することはない。
□ 悪い習慣を断ち切れない自分に腹が立つ。
□ 「もう二度としない」と言いながら、同じことをしてしまうことがある。
□ 新しいやり方を学ぶなんてムリだ、と感じることがある。
□ 自制心のない自分に、いらいらすることが多い。

□　いつもと違うやり方をしようにも、違和感や不快感に、すぐ意欲を失ってしまう。

一度の失敗から学べないこともあるけれど、目標達成の足を引っ張る過ちを繰り返さないよう、対策を取ることはできる。

なぜ、同じ過ちを犯すのか？

同じ過ちを繰り返す理由のひとつは、子どもの頃に教わったことを、きれいさっぱり捨てるのが難しいからだ。小さい頃に、「過ちの責任を取るより、隠したほうがいい」と、学んだことはないだろうか？　過ちにどう対処するかを学ぶ場所は、学校だけではない。マスコミは、セレブや政治家やスポーツ選手が、失敗を隠蔽しようとする姿をよく報道している。証拠を押さえられてもうそをつき、過ちを認めないまま、何とか切り抜けようとする。

だが、そうして過ちを認めなければ、じっくり考えたり、そこから真の理解や教訓を得ることもできず、また同じ過ちを犯しやすいのだ。「自分で決めたことですから」というセリフを、耳にしたことはないだろうか？　これは、自分の行為を受け入れる言葉であって、過ちを認めてはいない。プライドのほうが大切なのだろう。

頭が固いのも、過ちの常習犯の大きな特徴だ。下手な投資をしている人に限って、「これには相当つぎ込んできたんだ。このまま続けたほうがいい」と言う。かたくなすぎて歯止めがきかず、さらに危ない橋を渡ろうとするのだ。いやでたまらない仕事に就いている人も言う。「10年もこの会社にささげたのよ。今さらよそへなんか行きたくない」。でも、まっとうでないことや実りのないことに10年も費やすより悪いことがあるとしたら、10年と1日を費やすことではないだろうか？

向こう見ずなのも、過ちを繰り返す理由のひとつだ。「身体のほこりを払ってすぐ馬にまたがる」のもいいけれど、そもそもなぜ落馬したかを分析してから、またがるべきだろう。同じ過ちを延々と繰り返しているって？　もしかして、その状態が心地よいのでは？　たちの悪い男性とばかりつき合う女性は、それしか知らないからだ。同じような世界で暮らす、同じような問題を抱えた男たちとデートを繰り返すのは、ほかの場所で、よりよい人生を求める自信がないためだ。同じく、ストレスを抱えるたびにお酒に走る男性は、しらふで問題に対処するすべを知らない。過ちを繰り返すのをやめ、いつもと違う行動を取るのが怖いのだ。

中には成功に不安を感じるあまり、自分の努力に水をさす人もいる。順風満帆だと不安になって、ついいつものように自滅的な行動に走り、同じ過ちを繰り返してしまう。

「同じ過ちを繰り返す習慣」の問題点

自分のしっぽを追いかけて、くるくる回る犬を見たことはないだろうか？　過ちを繰り返しているときは、ちょうどあんな感じだ。へとへとになるだけで、どこにもたどり着けない。

ジュリーがセラピーを受けにきたのは、自分に頭にきていたから。去年20キロもやせたのに、ここ半年で少しずつ太り、結局元に戻ってしまったのだ。しかも、これが初めてではない。もう10年近く、20キロ増えたり減ったりを繰り返している。膨大な時間とエネルギーを費やしては、結局またリバウンド……いらいらするったらない。

減量に成功するといつも、ジュリーはちょっぴり気持ちが緩む。夕食でお代わりしたり、アイスクリームでお祝いするのを、自分に許してしまうのだ。そして口実を見つけては運動をちょこちょこサボっているうちに、ふと気づくと、また体重が増えている。

これはジュリーに限ったことじゃない。実際、データを見ると、減量した人の大半はリバウンドしている。なぜそこまで苦労したのに、また太ってしまうのだろう？　たいていは、肥満を引き起こした過ちを何度も繰り返すせいだ。

同じ過ちを繰り返していたら、たくさんの問題が生じる。たとえば、次のように。

1. **目標を達成できない。**5回目のダイエットであれ10回目の禁煙であれ、同じ過ちを繰り返していたら、目標は達成できない。それどころか、同じ場所で行き詰まり、一歩も進めない。

2. **問題が解決されない。**まさに悪循環だ。過ちを繰り返していたら、問題もずるずると長引き、足踏み状態になる。違うやり方をしない限り、問題は解決できない。

3. **自分自身への見方が変わる。**ある問題を克服できないせいで、自分自身を無能だ、ダメ人間だ、と思うようになる。

4. **一生懸命やらなくなる。**最初に何度か失敗すると、人はあきらめがちになる。そして、一生懸命やらないから、成功の見込みも小さくなる。

5. **周りをいらいらさせる。**いつも同じような問題を抱えていたら、友達も家族も、愚痴を聞くのにうんざりし始める。また、何度も厄介な状況に陥ってはそのたびに助けてもらっていたら、人間関係にひびが入ってしまう。

6. **過ちを正当化する、根拠のない思い込みが生まれる。**自分の行動が進歩を妨げているのに、「そういう運命なのだ」と結論づけてしまう。やせた体を維持するのに四苦八苦している人は、こう決め込むかもしれない。「私は骨太なのよ。やせるなんて無理だわ」

過ちから学ぶ時間を取る

19世紀半ば、ローランド・メイシーは、マサチューセッツ州ヘイバリルに洋品店を開いた。お客どころか歩く人さえまばらな、静かな一角に開いた店だったけど、「必ず注目される」という自信があった。ところが読みは外れ、間もなく店を続けることすら難しくなった。そこで、通りに人を呼び込もうと、楽隊付きの大掛かりなパレードを企画した。パレードが店の前で止まると、ボストンから呼んだ有名な実業家がスピーチすることになっていた。

残念なことに、その日はあまりの暑さに、外へ出て楽隊を追いかける人は一人もいなかった。このマーケティングの失敗で、ローランドは大赤字を抱え、店を失った。

とはいえ彼は、わずか数年後にニューヨークのダウンタウンに「R・H・メイシー洋品店」をオープンした。過去4回の失敗を経て開いた、5つめの店だった。毎回過ちから新しい何かを学んだ彼は、この店を開く頃には、事業を営み、うまく売り込むすべを心得ていた。

メイシーズ百貨店は、今では世界屈指の成功例のひとつだ。「メイシーズ感謝祭パレード」は全米の風物詩となっている。

ローランド・メイシーは、なぜ失敗したのか、ただ言い訳を探すだけでなく事実に学び、毎回きちんと責任を取った。そしてその知識を活かして、前とは違うやり方をした。

過ちを繰り返したくないなら、時間を取って過ちに学ぶこと。ネガティブな感情がわいても、とりあえず脇に置いて、失敗に至った要因を認め、そこから学ぼう。言い訳せずに、原因を探るのだ。次のような問いを自分に投げかけてみよう。

1．**どこがいけなかったのだろう？**　ほんの少し時間を取って、自分の過ちを振り返ろう。何が起こったのか、事実を理解すること。物欲に負けて毎月予算をオーバーしていた、問題解決の努力をせずに、パートナーと口げんかを繰り返していた、などなど。どんな思考、行動、外的要因が過ちを生み出したのか、掘り下げよう。

2．**「もっとうまくやれたはず」と思うところは？**　状況を振り返り、「もっとうまくやれたはず」と感じる点を探そう。たとえば、わずか2週間で減量を投げ出すなど、早くあきらめすぎたのかもしれない。正直に評価すること。

3．**次はどうすればよいだろう？**　「二度と同じ過ちはしない」と口にするのと、実際に繰り返さないのは、まったく別の話だ。過ちを繰り返したくないなら、次は違うやり方を考えること。いつもの行動に戻ってしまわないよう、具体的な対策を立てることだ。

過ちを繰り返さない計画を立てよう

学生インターンだった頃、私は入院型リハビリセンターで働いたことがある。患者さんの多くは、薬物やアルコールの問題にすでに取り組んだ経験がある人たち。悪い習慣をやめられないことに失望し、うんざりしていた。でも、数週間にわたる集中治療を受けると、たいてい態度が変わった。将来に希望を見出し、「今度こそ、元の道には戻らない」と決意するのだ。

ただし、プログラムを卒業する前に、具体的な計画を立てなくてはならない。退院後にいつもの習慣に戻ってしまわないよう、ライフスタイルを大きく変えなくてはいけないのだ。

それはたいていの場合、つき合う人間を変えろ、という意味だ。ドラッグや酒におぼれている仲間の元に戻ってはいけない。中には、転職しなくちゃならない人もいる。より健全な習慣を身につけるには、不健全な人間関係を断ち切り、パーティではなく支援グループの集まりに参加しなければいけない。

どの患者さんも計画書づくりに参加し、しらふで暮らすための支えや対策を書き込んでいく。順調に回復するのは、計画に従った人たちだ。一方、以前のライフスタイルに戻ってしまった人は、同じ過ちを犯して、症状がぶり返すことが多い。どんな過ちを避けたいにせよ、成功のカギは、よい計画を立てることにある。計画書をつくれば、やり遂げられる確率も高まる。過ちを繰り返さずにすむよう、次のステップに従って計画書をつくろう。

1．**いつもの行動に代わる行動を設定する。**ストレス発散にお酒を飲む代わりに、散歩する、友達に電話するなど、対策を明らかにしよう。どんな行動を取れば、不健全な行動を繰り返さずにすむのか、判断すること。

2．**悪い道に戻る前兆を知っておく。**いつもの行動パターンに戻らないよう、目を光らせることが大切だ。クレジットカードで買い物しだしたら、浪費癖がぶり返しつつある、など。

3．**説明責任を果たす。**誰かにきちんと説明しなくてはならない場合、自分の過ちを隠したり、無視したりするのは難しい。あなたの説明を聞いたうえで間違いを指摘してくれる、信頼できる友達や家族と話すといい。また、日記をつけたり、カレンダーを使って進捗を表にすると、責任ある行動を取りやすくなる。

自制心は訓練で鍛えられる

世の中に、自制心がある人とない人がいるわけじゃない。どんな人でも自制心を高める力を持っている。ポテトチップスやクッキーに「ノー」と言うのにも、乗り気じゃないときに運動するのにも、自制心は必要だ。進歩の邪魔をする過ちを犯さないためには、常に警戒心と努力が必要なのだ。自制心を高めたいときにすべきことを、いくつか紹介しよう。

1．いやな気分に耐える訓練をする。寂しくてつい自分にふさわしくない元彼にメールしたくなったら、ダイエットを台無しにするスイーツが食べたくなったら、いやな気分に耐える訓練をしよう。人は、「一度くらいなら大丈夫」と自分に言い聞かせがちだが、研究は逆のことを示している。誘惑に負けるたびに、自制心が損なわれるのだ。

2．前向きな独り言を活用する。前向きなアファメーションをすれば、心が弱ったとき、誘惑をはねのける力になる。「私ならできる」「私は目標に向かってよくやっている」と口にすれば、順調に進んでいける。

3．常に目標を意識する。目標の大切さに目を向ければ、誘惑に負けずにすむ。「車のローンを払い終えたら、どんなに気分がいいだろう」と考えれば、今月の家計に大打撃を与える買い物をしようとは思わない。

4．自分に制限をかける。友達と出かけると散財してしまう、とわかっているなら、現金を少ししか持っていかないこと。誘惑に負けないよう、対策を取ろう。

5．過ちを繰り返したくない理由をリストにする。そのリストを常に携帯すること。そして、いつもの行動パターンに陥りそうになったら黙読しよう。そうすれば、抵抗する意欲が高まる。たとえば、夕食後に散歩すべき理由をリストにしよう。そして、散歩よりテレビに惹かれるときは、リストを読んで、前に進む意欲を高めること。

「同じ過ちを繰り返す習慣」をやめれば、強くなれる

ペンシルバニアで生まれたミルトン・ハーシーは、12歳で学校を辞め、印刷所で働きだした。すぐに気づいたのは、印刷業には興味がないこと。そこで、お菓子やアイスクリームを売る店で働き始めた。19歳のとき、自分で菓子メーカーを立ち上げ、家族から資金援助を受けて順調なスタートを切った。ところが経営はうまくいかず、数年後には破産を宣言した。

そのあとコロラド州へ向かったハーシーは、当時活況を呈していた銀の採掘でひともうけしようと考えたが、時すでに遅し。着いた頃には仕事はなく、結局、別の菓子メーカーに就職した。そこで、新鮮なミルクを使えば最高のお菓子ができることを学んだ。

その後ニューヨーク市へ移り、もう一度菓子メーカーを立ち上げる。これまでに学んだ技術や情報が成功につながればと思ったが、資金不足とライバル店の多さに、またしても失敗。起業に資金を投じてくれた家族の多くも、とうとうハーシーを避けるようになった。

でも、ここであきらめるわけにはいかない。ペンシルバニア州に戻って、キャラメル会社を始めた。日中にキャラメルをつくり、夕方になると通りで手押し車にのせて販売した。そのうち大口の注文が入るようになり、ランカスター・キャラメル社を設立。間もなく百万長

者になったハーシーは、地元で指折りの実業家になった。

その後も事業を拡大し続け、１９００年にはランカスター・キャラメル社を売却し、チョコレート工場をオープン。あっという間に、ミルクチョコレートを大量生産できる、全米で唯一の存在になった。そしてほどなく、世界中でチョコレートの販売を始める。

過ちから学ぶ力のおかげで、いくつもの菓子メーカーをつぶした青年は、世界一のチョコレート企業のオーナーになったのだ。今日でも、ペンシルバニア州のハーシーという名の町は、ハーシー社のキスチョコレートの形をした街灯に照らされている。そして、年間３００万人を超える観光客が、「ハーシーズ・チョコレート・ワールド」を訪れている。

過ちをネガティブなものではなく、向上するチャンスだととらえれば、時間とエネルギーを費やして、そこから学ぶ努力ができるだろう。実際、メンタルの強い人たちは、自分の過ちを快く人と分かち合う。みんなが同じ間違いをしないように、と。


過ちから学んで「これから」につなげよう！

ある問題を解決するのにも、方法はいくつもある。今のやり方がうまくいかないなら、新しいやり方を試してみよう。過ちから学ぶには、自分をよく理解することと謙虚さが必要だけど、過ちから学ぶことができれば、力をフルに発揮する支えになるだろう。

09「人の成功に嫉妬する習慣」をやめる

ダンと家族は、ご近所のホームパーティにたびたび顔を出している。裏庭でのバーベキューが盛んで、子どものお誕生日会に家族ぐるみでお呼ばれするような土地柄だ。ダン夫妻が、パーティを主催することだってある。誰の目にも、ダンは気さくで社交的で、すべてを手にしているように見える。素敵な家、一流企業での仕事、美しい妻に二人の元気な子どもたち……。でも、ダンには秘密があった。

実はパーティが、いやで仕方ないのだ。マイケルの昇進だの、ビルの新車だのの話を聞かなくちゃいけないから。ご近所さんが豪華な旅行をしたり、上等なおもちゃを買う余裕があるとむかむかする。数年前に妻が専業主婦になってから、家計が苦しいのだ。お金持ちのふりを続けているせいで借金がかさんでいるが、その深刻さを妻には内緒にしている。何が何でも、「うちも負けず劣らず裕福ですよ」というお芝居を続けなくちゃいけない。

セラピーに助けを求めたのは、「すぐカッとするのをどうにかして」と妻に言われたからだ。いらいらは常に疲れているせいだ、とわかっている。そして、疲れている理由は、請求書の支払いのために、遅くまで残業しなければならないからだ。

セラピーでは、ダンの経済状況と、なぜ「遅くまで残業しなくちゃ」と感じているのかを話し合った。最初ダンは、ご近所のせいにしていた。「みんなが持ってる物を自慢するから、ぼくも持たないわけにはいかないだろ?」と。そこで、「持たないわけにはいかないのかしら?」と優しく尋ねてみると、いや、自分がそうしたいのだ、と認めた。

数週間にわたるセラピーを通して、ご近所への嫉妬心が噴き出した。腹が立つ理由を調べてみると、彼は貧しい家庭で育ったせいで、「わが子には、絶対に同じ思いをさせたくない」と考えていることがわかった。子どもの頃、服やおもちゃを買ってもらえなかったために、仲間にからかわれたり、いじめの対象になっていたのだ。だから周りと張り合って、負けず劣らずの生活をさせてやれる今の自分に胸を張っている。

でも心の奥では、持ち物よりも家族との時間を大切にしている。だから、今のライフスタイルについて話せば話すほど、自己嫌悪が募る。「もっと、もっと」と物を買い与えるために残業するより、家族と一緒に過ごしたいのだ。ゆっくりと、ダンは考え方を改めた。人と張り合うより、自分の目標や価値観に心を注ぐようになったのだ。

妻にもセラピーに加わってもらい、借金のことを打ち明けた。妻はもちろん驚いていたけれど、「人と張り合うために、身の丈を超えた暮らしをするのはやめる」という今後の計画も聞いてもらった。妻も、ダンが責任ある行動を取れるよう、協力してくれることになった。

ダンは自分自身やご近所さん、人生の状況に対する考え方を改めるのに、かなり苦労した。でも、人と張り合うのをやめて、自分にとって本当に大切なものだけに目を向けるようになると、周りをねたむことも、いらいらすることもぐっと少なくなった。

うらやましさより激しい感情

「うらやましい」というのは「あなたが持っているものがほしい」という感情だけど、誰かの成功への嫉妬は、怒りすら伴うさらに激しい感情だ。「あなたが持っているものがほしいし、あなたには持たせたくない」のだから。ふと、誰かをうらやましく思うのは普通のことだが、嫉妬は健全な感情じゃない。次の文章の中に、自分に当てはまるものはないだろうか？

□ 自分の財産や社会的地位、ルックスを周りの人と比べてしまう。
□ 自分より素敵な物を持つ余裕がある人たちを、うらやんでいる。
□ 他人の成功話を聞くのがつらい。

□自分の才能や業績はもっと評価されるべきだ、と思う。
□周りから「負け犬」だと思われていないか、心配だ。
□時々、どんなに努力しようと、ほかの人たちのほうが成功している、と感じる。
□夢を実現できる人たちには、喜びよりも反感を覚える。
□自分よりお金を稼いでいる人たちと一緒にいるのはつらい。
□成功していない自分が恥ずかしい。
□周りには、実際より成功しているふりをすることがある。
□成功者が災難に遭うと、ひそかに喜びを感じる。

誰かの成功に嫉妬しているなら、それは根拠のない思い込みによるもので、ばかげた行動につながる可能性がある。誰かの幸運に腹を立てるのではなく、自分の成功に向かって邁進できるよう、対策を取ろう。

なぜ、うまくいっている人をねたむのか?

嫉妬は怒りによく似た感情だが、人は怒っているとき、感情をあらわにするものだ。一方、嫉妬は、ダンが本当の気持ちを抑えて親切にふるまっていたように、隠れていることが多い。だが笑顔の裏では、憤りとねたみが入り混じって、ふつふつと煮えたぎっている。

ダンの嫉妬心は、「不公平だ」という思いから生じていた。本当に不公平な場合もあるけれど、思い込みにすぎないこともある。ご近所の稼ぎの多さに不公平感を募らせ、「あいつらのせいで、貧しい気分になる」と責めていたけど、そうだろうか？　それほど豊かでない地域に住んでいたら、案外リッチな気分で暮らしていたかもしれない。

他人の成功をねたむ気持ちは、心の奥に巣くっている不安のせいでもある。不安なときは、誰かの成功が自分の至らなさをふくらませる気がする。「ほかの人には簡単に幸運が訪れる。私のほうが幸せになるべきなのに」などと思い込んでいるときも、苦々しい気分になることだろう。

また、自分の求めているものがわからないと、他人が手にしているものに嫉妬しやすい。出張のある仕事をしたいと思ったこともない人が、海外出張に出る友達を見て言うのだ。「何てラッキーなんだ？　ぼくが行きたいよ」。そのくせおちおち旅行もできない自営業の友達の生活を、「いいなあ」とむやみにうらやむ。あれもこれも手に入れることなど不可能なのに。

人が目標を達成したのは、時間とお金をかけ、努力したからだ、という事実を見落とすと、成功を恨みたくなるだろう。プロのアスリートを見て、「あんなことができたらなあ」と言うのはたやすいけれど、本当にそう思う？　朝から12時間もトレーニングし、年々衰えていく運動能力だけで稼いでいきたい？　体型をキープするために、大好きな食べ物をあきらめて、年がら年中上を目指して、仲間や家族との時間を手放してもいいと本気で思っている？

「人の成功に嫉妬する習慣」の問題点

閉じたドアの向こうで何が起こっているかなんて、実際にはわからない。ダンも、近所の人たちが実はどんな悩みを抱えているかなど、何も知らない。それなのに、たまたま見たものだけで、嫉妬心を募らせていた。嫉妬は、固定観念から生まれる。「金持ち」は悪人だとか、「社長」は欲張りだ、などと思い込んでいないだろうか？　そんな固定観念のせいで、よく知りもしないのに、誰かをねたむこともある。

「人の不幸は蜜の味」というタイトルの２０１３年の調査によると、人は医師や弁護士などの「専門職に携わるお金持ち」の成功をうらやむばかりか、その不幸を喜びさえする。被験者はまず、お年寄り、学生、麻薬中毒者、専門職に携わるお金持ち、という４人の写真を見せられる。写真はさまざまな出来事と組み合わされ、被験者の脳の働きも調べられる。

わかったことは、人が何より喜ぶのは、「専門職に携わるお金持ち」が、タクシーに泥水を浴びせられるなど、ひどい目に遭うときだ、ということ。誰かが幸せになるシナリオよりも、人はそういったシナリオを好む。気をつけていないと、誰かをうらやむ気持ちは、あなたの人生を簡単にだめにしてしまう。嫉妬は、次のような問題をもたらしかねないのだ。

1．**成功を目指すのをやめてしまう。**他人の成功に気を取られると、自分の目標に取り組む時間がなくなる。誰かの成功に敵意を抱けば、気が散って、自分の進歩が遅れる。

2．**持っているものに満足できなくなる。**絶えず周りと張り合っていると、自分が持っているものに満足できなくなる。誰かを追い抜くことに全人生を費やしていたら、絶対に満たされない。自分よりお金持ちで魅力的に見える人は、次から次へと現れるから。

3．**自分のスキルや才能を見落としてしまう。**誰かがしていることをねためばねたむほど、自分のスキルを磨く時間がなくなる。誰かの才能が消えることを祈ったところで、自分の才能が磨かれるわけではない。

4．**自分の価値観を手放してしまう。**嫉妬は人を、捨て鉢な行動に走らせる。自分にないものを持っている人に怒りを募らせると、自分の価値観を大切にできなくなる。残念ながら人は、嫉妬のせいで、あり得ない行動に走ってしまうことがある。たとえば、誰かの努力に水をさす、誰かと張り合うために借金を重ねる、などなど。

5．**人間関係が損なわれる。**誰かをねたむと、健全な関係が保てなくなる。愛想笑いをしながらも、それとなく本音を見せたり、皮肉を言ったり、いらいらをにじませるからだ。ひそかに嫉妬しながら、誠実な人間関係を築くことはできない。

6．自慢するようになる。最初は、ねたんでいる相手と張り合うために、ただまねをしているだけ。だが、相手の成功で自分の成功がかすんでしまう場合は、自慢したり、うそをつくようになる。嫉妬心を抱くとやけになって、誰かを出し抜くことで自分の価値を示そうとする。そんな試みは、自分をよく見せてはくれないにもかかわらず。

ダンが他人の成功をうらやむのをやめるためには、まず立ち止まって自分の人生を評価する必要があった。自分の「成功の定義」を明らかにしてみると、家族との時間をもち、自分の価値観に従った子育てをすることだとわかった。そうすると、自分に言い聞かせることができた。「ご近所がどんなに恵まれていても、ぼくが目標を達成する妨げにはならない」と。

ダンは自分の考え方にも異議を唱える必要があった。上等の服や最新のおもちゃを与えないと子どもがいじめられる、と思い込んでいたが、どんな子でもからかわれることはある。何でも持っているからといって、いじめられない保証はない、と気づいてからは、「あれもこれも買ってやらなくちゃ」というこだわりが消えた。それに、「無意識のうちに、わが子を物質主義にしていたかも」と気づいてからは――もちろん、そんな人間になってほしくはない――家族の時間を充実させることに力を入れるようになった。

態度を改めよう

自分の価値観や目標に従って行動しているのに、誰かの成功をねたんでしまうときは、根拠のない思い込みを抱いているのかもしれない。常に「私はばかだ」「ほかの人たちほど出来がよくない」などと思っていたら、人の成功に嫉妬するだろう。もしかしたら自分自身だけでなく、周りの人たちにも根拠のない思い込みを抱いているのかもしれない。

2013年に行われた「フェイスブックをめぐる嫉妬：ユーザーの人生満足度へのひそかな脅威」というタイトルの調査は、フェイスブックを閲覧しているうちにネガティブな気分になる人たちがいる理由を明らかにしている。調査によると、彼らがとくに怒りや嫉妬心を募らせるのは、「友達」が旅行の写真をアップしたとき。「友達」がたくさんのバースデーメッセージをもらったときにも、嫉妬心を抱くという。恐ろしいことに調査は、フェイスブックでネガティブな気分になる人は、人生全体への満足度も下がる、と結論づけている。

本当に、これが今の世の中なのだろうか？　誰かが「お誕生日おめでとう」と多くの人に祝ってもらっていると、自分の人生を不満に思うのだろうか？　友達が旅行すると、嫉妬するのだろうか？　誰かをねたんでいると気づいたら、次のような方法で考え方を変えよう。

1．**人と比べない。**自分を他人と比べるのは、リンゴをみかんと比べるようなもの。誰もがユニークな才能やスキル、人生経験を持っているのだから、他人と比べたところで自分の価値を正確にはかることはできない。それよりも、かつての自分と比較して、人としてどのように成長してきたかを評価しよう。

2．自分の中の固定観念に気づく。固定観念で判断する前に、相手を知る努力をしよう。富や名声を持っているからといって、悪人だと思い込んではいけない。

3．自分の弱点にこだわらない。自分が持っていないものやできないことにばかり目を向けると、持っている人たちをねたむようになる。自分の弱みではなく強みやスキルに目を向けよう。

4．人の強みを誇張しない。嫉妬はたいてい、他人の活躍を誇張し、他人が持っているものを重視しすぎることから生まれる。どんな人でも——成功者でも——弱点や不安、問題を抱えている、と心に留めておこう。

5．人の成功をばかにしない。誰かの成功をけなしても、嫉妬心が芽生えるだけ。「あいつの昇進なんて、大したことない。上司と仲がいいだけさ」などと言わないこと。

6．何が公平か、判断しない。「不公平なこと」に目を向けないこと。残念ながら、世の中にはズルをして成功する人も、運だけでうまくやっていく人もいる。誰が成功に値し、誰が値しないのか、考えれば考えるほど、実りあることに費やす時間がなくなる。

競うより協力し合おう

私はセラピーを通じて、互いに点数をつけ合い、「不公平だ」と文句を言い合う夫婦をたくさん見てきた。また、会社の利益になるのに、部下の成功が面白くないという上司も。出会う人すべてをライバル視している限り、常に「勝つ」ことを意識していなくちゃならない。相手をいかに育てるかではなく、いかに打ち負かすかで頭をいっぱいにしていたら、健全な関係は築けない。時間を取って、自分が誰をライバルだと思っているか、考えてみよう。

「親友より魅力的でいたい」「弟より裕福でいたい」などと思っていないだろうか？　周りをライバル視することの不健全さを知ろう。ライバルではなく、チームメイトだと思えばどうだろう？　いろんなスキルや才能を持つ人たちが味方でいてくれたら助かるはずだ。やりくり上手な弟がいるなら、張り合って高価なものを買いあさるより、やりくりのコツを教えてもらおう。健康志向のご近所さんがいるなら、料理のレシピを教えてもらおう。謙虚にふるまえば、ほかの人に対しても、自分自身に対しても、驚くほどよい感情が持てるようになる。

ミルトン・ハーシーは過ちから学んで成功したが、他人の成功を受け入れる力も、彼の強みだった。社員の一人だったH・B・リースが、同じ町でお菓子メーカーを始めたときですら、まったく恨みを抱かなかった。リースはまだハーシーのチョコレート工場にいたときに、そこで得た知識を活かして独自のお菓子を開発したのだ。そして数年後にピーナッツバターカップ（訳注：ピーナッツバターをチョコレートでくるんだお菓子）を開発したときは、ハーシーのチョコレート工場をミルクチョコの仕入れ先に選んだ。

「顧客を盗んだ」と、ライバル視してもおかしくないのに、ハーシーはリースを応援した。同じ町でお菓子を売りながらも、両者はよい関係を保ち、二人の死後、ハーシー・チョコレート社とリース・キャンディ社は合併した。リースのピーナッツバターカップは、今日もハーシー社で指折りの人気商品だ。おわかりのように、この物語は違う結末を迎えてもおかしくなかった。協力し合い、よい関係を保たなければ、2社ともつぶれていたかもしれないのだ。

人の成功を喜べたら、あなたの周りには成功者が集まるだろう。目標に向かって努力する仲間に囲まれるのは素晴らしい。あなたの旅を支える意欲やひらめき、情報も得られる。

「自分にとっての成功」を定義しよう

成功とお金はイコールだ、と考える人は多いけれど、当然ながら、お金持ちになることがみんなの願いだとは限らない。あなたの「成功の定義」は地域貢献かもしれない。働く時間を減らして、困っている人のために自分のスキルと時間を使う。それがあなたの誇りであり、成功の定義なら、ひたすらお金を稼いでいる人をうらやむ必要はない。

「ほしいものはすべて手に入れたけど、まだ幸せじゃない」と言う人は、実はほしいものを手に入れていない。他人の成功の定義に従っているだけで、自分らしく生きていないのだ。

自分の成功を定義するなら、今いる場所だけでなく、広い視野で人生を眺めてみよう。人生の最期に、過去を振り返っている自分を思い浮かべてみるのだ。次の問いへのどんな答えが、あなたを満ち足りた気分にしてくれるだろう？

1．**人生最大の成功とは、何だったろう？** 最大の成功とは、お金にまつわるものだろうか？　周りの人たちへの貢献？　いい家族？　起業？　世の中の役に立ったこと？

2．**成功したと、なぜわかるのだろう？** あなたは目標を達成したという証しを持っているだろうか？　それは人に感謝されたこと？　銀行口座にたくさんのお金があること？

3．**時間、お金、才能の一番よい使い道は？** 人生のどんな思い出が、あなたにとって一番大切なものになるだろう？　自尊心を満たし、充実感をもたらしてくれる活動とは何だろう？

自分の「成功の定義」を書きとめよう。そして、その人なりの成功の定義を満たそうと努力している誰かに嫉妬しそうになったら、自分の定義を思い出そう。成功への道は人それぞれ。自分の旅はユニークなのだ、と気づくことが大切だ。

仲間の成功を祝う訓練をしよう

自分が定義した成功に向かって努力し、不安にもきちんと対処しているなら、人の成功をねたむのでなく、祝福できるだろう。直接のライバルだと思わなければ、誰かの成功で自分がかすんでしまう、と気をもむ必要もない。それどころか、新たな金字塔を打ち建てたり、お金を稼いだり、自分にできていないことを成し遂げた誰かのために、心から喜べる。

「連続起業家」を自称するピーター・ブックマンは、新興企業の立ち上げに何度も関わってきた。のちにフュージョン・アイオー――フェイスブックやアップル社などを顧客に持つ、コンピューターのハードウェア・ソフトウェア・システムの会社――となる企業の創設者でもあった。起業に3年半ほど尽力した頃、ピーターは告げられる。「投資家や取締役会は、今後の展望について、あなたとは見解が違います」。そんなわけで彼は会社をあとにし、自分が雇った多くの人たちが大成功を収めていくのを見守った。

フュージョン・アイオーは10億ドル規模の企業となり、ピーターが去ったあと、創業時からのメンバーは2億5000万ドルも手に入れた。

「腹が立たないの？」とよく聞かれるけれど、ピーターはかつての仲間を祝福している。「みんなが成功しても、ぼくは何ひとつ失っていない。自分の役目を果たせて満足だし、人の夢の実現を手伝うのが楽しみなんだ。結果的に、最大の利益を得られなくてもね」

ピーターは、誰かの成功をねたむことに、人生を1分たりとも費やしていない。みんながどんどん夢を実現していくから、祝福するのに忙しいのだ。

「人の成功に嫉妬する習慣」をやめれば、強くなれる

誰の目から見ても、ハーブ・ブルックスは、高校・大学を通してアイスホッケーの花形選手だった。そして1960年、オリンピックのアメリカ代表チームのメンバーに選ばれた。ところが1週間前になってメンバーから外され、元チームメイトがアメリカ男子ホッケー初の金メダルを勝ち取る姿を、観戦する羽目になった。それでも、監督に駆け寄って言った。

「監督は正しい判断をしましたよ。優勝したんですから」

普通ならすっぱりやめてしまいたくなるだろうに、ブルックスはあきらめなかった。その後もプレーを続け、1964年と1968年のオリンピックに出場した。いずれもメダルには届かなかったが、彼のホッケー人生は終わらなかった。現役引退後は監督になったのだ。

大学チームの監督を何年か務めたあと、オリンピックチームの監督に選ばれた。そこで

は、「スポットライトを独り占めする選手はいらない」と、チームプレーができる選手を選んだ。１９８０年のオリンピックでは、チームを金メダルに導いた。

ハーブ・ブルックスは、成功者をねたむどころか、彼らの努力を応援した。成功を自分の手柄にするのではなく、快く相手に花を持たせた。「誰かの成功本を読むんじゃなくて、自分の本を書こう」――選手たちに語ったこの言葉は、よく知られている。

人の成功をうらやむのをやめれば、自分の目標を目指す自由が得られる。自分の価値観に従って生きたいと思うようになるので、その人なりの価値観に従って生きている誰かに腹を立てたり、出し抜かれた気分に陥ることはなくなる。

自分がつらい時こそ、ねたまない！

順風満帆なときは、たいてい他人をねたまずにいられるが、人生には苦戦する時期もある。そんなときに誰かの成功をねたまずにいるのは、とても難しい。周りが目標を達成していくのに、自分が四苦八苦しているときに感情をぐっと抑えるには、粘り強い努力が必要だ。

10 「一度の失敗でくじける習慣」をやめる

「結構いい人生だと思うのに、なぜか満たされないの」。スーザンはそう言って、セラピールームを訪れた。幸せな結婚生活を送り、かわいい2歳の娘もいる。地元の学校の受付係という安定した仕事を持ち、家計もうまく回っている。「不満に思うなんて、ちょっとわがままよね」と本人も言う。恵まれた人生だと、よくわかっているのだ。

セラピーを何度か続けるうちに、「学校の先生になるのが夢だった」と話してくれた。高校卒業後は、教育を学ぶために大学に進学したという。ところが、寮生活で重いホームシックにかかってしまう。ひどく内気だったせいで、友達ができなかったのだ。授業の難しさにもすっかり圧倒されて、1学期の途中で退学してしまった。

実家に戻ってすぐ、受付係の仕事を見つけ、以来ずっと働いている。夢に見た仕事ではないけれど、これほど教師に近い仕事もない。でも、スーザンと話していると、「やっぱり先生になりたい」という思いが、ありありと伝わってくる。ただ、なれる自信がないだけだ。

「大学に戻ってみたら？」と切り出すと、「もう年だからムリ」という答え。それでも、最近94歳で高校を卒業した女性の記事を見せると、「できるかも」と思い始めた。そこで数週間かけて、何が彼女の足かせになっているのかを話し合った。「私は大学に行く器じゃない、ってわかったのよ」とスーザンは言った。つまるところ、一度失敗している上に学校を出て久しいから、授業についていけない、と思い込んでいるのだ。

さらに数週間かけて、彼女が失敗をどのようにとらえているのかを話し合った。「一度失敗したら、本当にまた失敗するのかしら？」と。そのうち、スーザンの人生のあるパターンが見えてきた。何かに挑戦して一度つまずくと、さっさとあきらめてしまうのだ。たとえば、高校のバスケ部でうまくいかないと、スポーツを一切やらなくなる。7キロやせてリバウンドすると、二度とダイエットに挑戦しない。投げ出した事柄のリストはどんどん増えていき、ようやく本人も気がついた。失敗に対する思い込みが、選択に影響を及ぼしている、と。

「戻るつもりはなくても、どんな大学があるか調べてみたら？」と勧めたのは、この15年間で、大学もずいぶん様変わりしたからだ。全日制の大学以外にも多くの選択肢があると知って、スーザンは小躍りした。そして数週間後には、大学のオンライン講座に申し込んでいた。家族と離れなくても、一定の時間を授業に充てればいいと思うと、わくわくした。

授業を受け始めるとすぐ、彼女は言った。「探しものを見つけた気分よ」。新しいキャリアを目指すことは、心を満たすのに必要なチャレンジだったのだ。将来への新たな希望と、失敗への新たな視点を手に入れて、セラピーは終わった。

一度失敗したら、あなたは？

「次はもっとうまくやろう」と張り切る人もいるけれど、あっさりあきらめてしまう人もいる。次の文章の中に、自分に当てはまるものはないだろうか？

□ 周りから「失敗した」と思われないか心配だ。
□ 得意なことにしか手を出したくない。
□ 一度挑戦してうまくいかないと、もう一度やろうとは思わない。
□ 成功者はもともと才能に恵まれている、と信じている。
□ どんなに努力しても、できないことはたくさんある。
□ 私の価値はおおむね、成功する能力に左右されている。
□ 失敗を思い浮かべると、ひどく不安になる。
□ 失敗すると、言い訳してしまう。
□ 新たなスキルを学ぶより、すでに持っているスキルをアピールしたい。

失敗を失敗で終わらせる必要はない。事実、成功者はたいてい、「失敗は、成功への長い旅の始まりにすぎない」と考えている。

なぜ、すぐにくじけてしまうのか？

スーザンは、多くの人がそうであるように、「一度失敗したら、きっとまた失敗する」と思い込んでいたから、わざわざ挑戦しようとはしなかった。「私の人生には何かが足りない」と気づいてはいたけど、「もう一度大学に行けるかも」なんて夢にも思わなかった。これは、スーザンに限ったことじゃない。一度つまずくと、ほとんどの人はあきらめてしまう。

そうなる一番の原因は「恐れ」だが、誰もが同じ恐れを抱くわけじゃない。親をがっかりさせるのを恐れる人もいれば、「もう一度失敗したら、立ち直れないかも」と気をもむ人もいる。いずれにしろ恐れと向き合いたくなくて、みんな2度目の失敗を避ける。失敗は恥だ、と考え、隠そうとしたり、必死で言い訳をしたりする。

中には、失敗で自分が何者かを決めてしまう人もいる。たった一度の失敗で「起業できない」と思い込んだり、デビュー作の出版が頓挫したくらいで、「作家としての才能がない」と信じ込む人もいる。

あきらめる、というのは学習行動でもある。おそらく子どもの頃に、一度でできないことがあると、ママがさっと飛んできて、手伝ってくれたのだろう。あるいは、算数の時間に「わかりません」と言えば、先生がすぐに答えを教えてくれて、徹底的に自分で解かなかったのかもしれない。

「誰かが助けにきてくれる」という期待は癖になり、大人になっても直りにくいのだ。そうなると、「失敗しても、もう一度頑張ろう」とはなかなか思えない。

結局のところ、一度の失敗でくじけるのは、自分の能力に固定観念を持っているから。才能を伸ばせると思っていないから、向上しようとか、再挑戦しようとは思わないのだ。天賦の才能がないなら学んだってムダだ、と思い込んでいる。

「一度の失敗でくじける習慣」の問題点

「先生になるほど賢くない」「自分が挫折したのに、生徒を成功に導くなんてムリ」――スーザンは延々とそんなことを考えていた。彼女のように、一度の失敗でくじけていたら、人生で数々のチャンスをふいにするだろう。失敗は、素晴らしい経験に変えられる。そこで得た知識を活かして、前に進んでいくなら。

一度も失敗せずに成功するなんて至難の業だ。ドクター・スースの名で知られるアメリカの絵本作家、セオドア・ガイゼルを見ればわかる。彼のデビュー作は、20社以上の出版社から突き返されたけれど、スースは46冊もの子どもの本を出版した。テレビ番組や映画、ブロードウェイ・ミュージカルになった作品もある。一度の失敗でくじけていたら、世界中の子どもたちを何十年も魅了する、あのユニークな文体に誰も出会えなかっただろう。

一度の失敗でくじけると、簡単に自己暗示がかかる。くじけるたびに、「失敗は悪いもの」という考えが強化され、再挑戦しなくなってしまう。こうして、失敗を恐れる気持ちが、学ぶ力を妨げるのだ。

才能よりも「やり抜く力」に価値がある

史上最も多くの発明をした人物と言えば、トーマス・エジソンの顔が浮かぶだろう。エジソンは発明品とそれを支えるシステムの特許を、アメリカで１０９３件も持っていた。とくに有名なのは、電球、映画、蓄音機だろうが、彼の発明のすべてが大成功を収めたわけじゃない。「電動ペン」や「幽霊探知機」なんて、耳にしたことがあるだろうか？　これらは、エジソンが生んだ失敗作のごく一部にすぎない。

一定数の発明は失敗に終わる、と知っていたから、いまいちなものや、市場でヒットしそうにないものを発明したときも、エジソンは自分をダメ人間だなんて思わなかった。それどころか、どんな失敗も貴重な学びのチャンスだと考えていた。

1915年に書かれたエジソンの伝記によると、若い助手が「何週間も取り組んで、何ひとつ結果を出せないなんて残念です」と発言したとき、エジソンはこう返したという。「結果！　何の結果も出せなかったって？　いやいや、私はたくさんの結果を手に入れたぞ！　何千もの事柄が、うまくいかないとわかったんだから」

一度失敗したからといって、挑戦に尻込みしていたら、失敗に対する誤った、不毛な思い込みを育ててしまう。そんな思い込みが、失敗への考え方、感じ方、行動の仕方に影響を及ぼすのだ。忍耐と失敗について、研究結果は次のように語っている。

1．**天賦の才能より、訓練がものを言う。**「才能がある人とない人がいる」と考えがちだが、才能のほとんどは、努力ではぐくまれる。調査によると、チェスやスポーツ、音楽、ビジュアルアートといった分野で、10年間毎日訓練した人は、天賦の才能を持つ人を超えられる。そして、20年間ひたむきに訓練を重ねれば、たとえ才能はなくても、世界的な成功を手にすることも多い。だが私たちの多くは、特別な才能がなければ成功できない、と思い込んでいる。その思い込みのせいで、成功に必要なスキルを磨く前に、あきらめてしまうのだ。

2．**成功の指標になるのは、IQよりもやる気だ。**当然ながら、IQ（知能指数）が高い人が、大成功するとは限らない。IQよりもやる気――長期的な目標に対する忍耐や情熱――

を見たほうが、成功をずっと正確に予測できる。

3．**失敗を能力のせいにすると、無力感に陥る。**能力がないから失敗した――しかもその能力は伸ばせない――と考えたら、無力感に陥るだろう。一度失敗したら再挑戦するどころか、あきらめたり、誰かが代わりに挑戦してくれるのを待つようになる。自分に伸び代がないと思えば、成長を目指すことはなくなる。

自分の能力を誤解したまま、成功に尻込みしてはいけない。少し時間を取って、失敗にまつわる自分の思い込みをチェックしよう。成功への道は、短距離走ではなくマラソンだ、と考えること。失敗は、学習し成長していくプロセスの一部だ、と受け入れよう。

失敗に対する根拠のない思い込み

失敗を恐ろしいもの、ととらえていたら、もう一度挑戦しようとは思えないだろう。失敗に対する次のような思考が、再挑戦を妨げてはいないだろうか？

・失敗は受け入れがたい。
・自分は完璧な成功者だ。
・自分は完璧な失敗者だ。
・失敗はいつも、すべて自分のせいだ。

・自分が力不足だから失敗した。
・失敗したら、みんなに嫌われる。
・最初にきちんとできなかったら、2度目もできないはずだ。
・自分には成功する力がない。

失敗に対する根拠のない思い込みのせいで、一度失敗すると挑戦できなくなることがある。それを、より現実的な思考に置き換える努力をしよう。失敗は、自分が思い描いているほど悪いものじゃない。結果を気にせず、全力で取り組もう。

難しい課題に取り組んでいるときは、挑戦によって何が得られるかに目を向けること。新しいことを学べる？　最初はうまくいかなくても、スキルを伸ばすことができる？　その経験から何が学べるかに思いを馳せれば、失敗もプロセスの一部だ、と納得できるだろう。

自分を慈しむ心や、高すぎない健全な自尊心が、フルに力を発揮するカギになる。自分に厳しすぎると、「私はいまいちだ」と思うようになるし、自分に甘すぎても、行動に言い訳ばかりするようになる。自分を慈しむくらいがちょうどいいのだ。

自分を慈しむ心があれば、失敗を温かく、現実的な目で見ることができる。つまり、自分をはじめすべての人には欠点があるのだから、失敗くらいで自分の価値が下がるわけじゃない、と理解できるのだ。自分の弱点を慈しむ気持ちを持てば、「私には成長し、向上する余地がある」と気づくだろう。

２０１２年に行われたある調査では、赤点の生徒に、挽回するチャンスを与えた。あるグループの生徒たちは、自分を慈しむ心で失敗をとらえ、もう一方のグループは、自尊心を高めることに専念した。すると、自分を慈しんだグループは、自尊心を高めたグループより も25パーセントも長く勉強し、２度目の試験でより高い点数を取った。

成功に自分の価値を左右されてはいけない。でないと、失敗するかもしれないとき、思い切って挑戦できなくなる。根拠のない思い込みを、次のような現実的な言葉に置き換えよう。

- 失敗はたいてい、成功への旅の一部だ。
- 私は失敗に対処することができる。
- 私は失敗から学ぶことができる。
- 失敗とは、私が意欲的な人間であり、再挑戦できる証しだ。
- 私には失敗を克服する力がある。自分がそれを選べさえすれば。

失敗したら、前に進もう

一度何かで失敗したら、少し時間を取って、何が起こったのか、今後どうしたいのかを考えよう。自分にとって大事なことじゃないなら、「これ以上時間やエネルギーをかける価値はない」と判断し、撤退するのもよいだろう。たとえば、私は絵が下手くそで、棒人間くらいしか描けない。あるときひどい絵を描いて思った。「これ以上頑張ったってムダよ」。それなら、もっと夢中になれることに全力を注いだほうがいい。

でも、夢を実現するために、ある問題を克服する必要があるなら、再挑戦する意味はある。ただし、前とまったく同じことをしても、前には進めないだろう。成功の可能性が高まるような計画を立てること。スキルを磨くべきときもあれば、スキルが評価されるチャンスを探すべきときもある。失敗から学べば、次は前よりきっとうまくやれる。

「一度の失敗でくじける習慣」をやめれば、強くなれる

ウォーリー・エイモスはもともとタレント・エージェントをしていたが、契約を取るために、セレブに手づくりのチョコチップクッキーを贈ることで知られていた。そのうち友人たちの勧めもあって、クッキーづくりに専念しだした。セレブの友人たちから資金援助を受けて、グルメ向けのクッキー店「フェイマス・エイモス」をオープンしたのだ。

店はとても繁盛し、ビジネスは瞬く間に成長していった。10年間に国中にいくつもの支店をオープンさせ、ロナルド・レーガン大統領から「優秀起業家賞」を贈られるなど、全米の注目を浴びた。ところが、高校を中退し、きちんとした教育を受けていなかったエイモスには、ビジネスの知識がなかった。そのうち100万ドル規模の帝国は傾き始め、てこ入れしようと人を雇ってみたものの、残念ながら、会社を立て直せる人はいなかった。結局、会社を売却せざるを得なくなり、差し押さえで自宅まで失った。

数年後、エイモスは新たなクッキー会社、「ウォーリー・エイモス・プレゼンツ・チップ・アンド・クッキー」を立ち上げようとした。だが、フェイマス・エイモス社を買収した企業の経営陣から「名前を使うな」と訴えられた。そこで、有名なエイモスならぬ「アンクル・ノーネイム（無名のおじさん）」と名前を変えてみたけれど、激しい競争にさらされ、結局うまくいかなかった。負債は100万ドルを超え、破産申告する羽目になった。

最終的にエイモスは、マフィンの会社を始めた。ただし今回は、日々の業務を食品の流通に長けたパートナーに任せている。過去の失敗から、経営をサポートしてくれる人が必要だ、と学んだのだ。新しいビジネスは、クッキーのときほど人気を博してはいないけれど、きちんと採算が取れている。

その後、エイモスはまた幸運に恵まれる。クッキーやクラッカーで有名なキーブラー社が、「フェイマス・エイモス」ブランドを獲得し、スポークスパーソンとしてエイモスを雇ったのだ。自分が設立したブランドが自分のものでなくなってから大成功した事実を、苦々しく思う人もいるだろう。だが、エイモスは感謝しつつ、謙虚に古巣へ戻ってクッキーを人々に勧めた。さらには作家としても、モチベーションをテーマとする講演家としても、成功している。

失敗は、かつてない形で人を奮い立たせ、個性をはぐくんでくれる。人生において改善すべき分野を教えてくれるだけでなく、今まで気づかなかった底力を引き出してくれる。失敗しても、失敗が能力や業績を上げてくれることに気づいて、粘り強く努力すれば、メンタルの力が高まるだろう。

「失敗を繰り返しても大丈夫」と理解すれば、人生は安らぎと満足感に包まれる。「1番にならなくちゃ」「評価されるには成功しなくちゃ」と気をもむこともなくなる。それどころか、「失敗するたびに成長できる」と、どんと構えていられる。

一度くらい失敗しても成功できる！

人生のある分野で失敗しても快く受け入れられるのに、別の分野だとそうはいかないこともある。たとえば、営業マンとして契約が取れないのには慣れっこなのに、市議会議員選挙に落ちたら、立ち直れないかもしれない。どんな分野でつまずいたら、自分はあきらめてしまうのかを明らかにしよう。そして、失敗からどのように学ぶかに心を砕こう。

失敗のあと、もう一度挑戦するのに慣れていないなら、恐れに真正面から向き合うのは、最初は難しいかもしれない。さまざまな感情がわいてきて、再挑戦の邪魔をする思考が芽生えるかもしれない。それでも訓練すれば、「失敗は成功への大切な一歩だ」と気づくだろう。

11「孤独を恐れる習慣」をやめる

ヴァネッサは睡眠薬を求めて医師の診察を受けたが、「まずはカウンセリングを」と勧められ、セラピールームを訪れた。夜になっても、思考のおしゃべりが止まらないのだという。

「ぐったり疲れてるのに、ベッドに入ってから何時間もいろんな考えが頭に浮かんで、眠れないの」。その日言ってしまったことを悔やんだり、明日しなくちゃいけないことを悩んでみたり……。時には、いろんな考えがどっと頭を駆け巡り、何を考えているのか、自分でもわからなくなる。

「日中は、不安になったりしないのよ」とヴァネッサは言う。不動産業者としての一日は忙しく、たいてい長い。オフの日も、友人たちと食事をしたり、専門職に就く仲間との情報交換に大忙しだ。仕事と遊びの境目はあいまいで、ソーシャルメディアやさまざまなつながりを通して、仕事をもらうことも多い。アクティブなライフスタイルを気に入っているし、常に予定がいっぱいな毎日も楽しい。仕事のストレスも半端ではないけれど充実していて、営業成績だって申し分ない。

「一人の時間をどれくらい取っていますか？　ただ座って考える機会を、自分にどれくらい与えている？」と尋ねてみると、ヴァネッサは言った。「あら、そんなのゼロよ。実りがないことには、1秒だってムダにしたくないの」

「夜中にあれこれ考えてしまうのは、日中に、脳に考えを処理する時間を与えていないからでは？」と言うと、彼女は吹き出した。「それはないわ。日中も、考える時間くらいたっぷりあるもの。同時にいろんなことを山ほど考えることだってあるのよ」。それでも私が「脳にも息抜きや、くつろぐ時間が必要かもしれないでしょう？　一日に少しでいいから、一人の時間をつくってみませんか？」と提案すると、「実験だと思って、試してみるわ」と承知してくれた。

一人になって思いにふける方法をいろいろと話し合い、寝る前に少なくとも10分間、日記をつけることにした。テレビもスマホもラジオも、全部オフにして。翌週のセラピーで、彼女は言った。「しーんとしてるのは、ちょっぴり落ち着かないけど、日記を書くのは楽しいし、寝つきが少しよくなった気がする」

次の数週間は、瞑想や、「マインドフルネス」（訳注：今この瞬間の体験に意識を向け、現実をありのままに受け入れること）のエクササイズなど、いくつか新しい取り組みをした。「毎朝数分間の瞑想が、一日で一番充実した時間かも」と、ヴァネッサは目を丸くしていた。しかも、思考のおしゃべりが大人しくなった。日記を続けているのは、頭を駆け巡るすべての思いを整理できるから。そして瞑想は、そんな思いを静めるすべを教えてくれる。不眠症が完全に治ったわけではないけれど、寝つきはずいぶんよくなった。

知らぬ間にかかっている孤独恐怖症

一人の時間を過ごすことが優先リストのトップにくる、なんて人はまずいない。多くの人は、「一人で過ごすなんていまいちだ」と考えている。中には、「一人だなんて考えただけでゾッとする」と言う人までいる。次の文章の中に、自分に当てはまるものはないだろうか？

□ 暇ができたとき、一番したくないのは、ただ座って思いにふけること。
□ 一人で過ごすなんて退屈だと思う。
□ 家事をしているときは、ＢＧＭ代わりにテレビやラジオをつけておきたい。
□ しんとしていると、落ち着かない。
□ 「一人＝寂しい」と考えている。
□ 一人で映画やコンサートに行く、といった趣味を楽しんだことがない。

□ 何だか後ろめたくて、一人では何もできない。
□ 誰かを待っているときや、仕事の合間に時間ができたら、電話したり、メールを送ったり、ソーシャルメディアを利用している。
□ 一人で車を運転するときは、ラジオをつけたり、常に楽しいことをする。
□ 日記をつけたり、瞑想するのは、時間のムダだと思う。
□ 一人きりになる時間や機会がない。

一人で思いにふける時間をつくれば、目標達成に役立つパワフルな体験ができる。メンタルの力をはぐくむには、忙しい日常から離れ、今後の成長に目を向ける時間が必要なのだ。

なぜ、それほど一人が怖いのか？

宗教の世界では、一人の時間はかなりポジティブに語られている。キリストもムハンマドも仏陀も、一人の時間を大切にしていた。なのに現代社会では、「一人」にはネガティブなイメージがつきまとう。孤独を極めた人は、「世捨て人」としておとぎ話や映画などで、ネガティブに描かれることが多い。悪さをした子どもを部屋に閉じ込めるのも、「一人の時間は罰だ」というメッセージにほかならない。もちろん、極端な孤独は健全じゃないけど、一人の時間はあまりにも悪者扱いされ、ほんの短時間でも不快なものとされている。

「一人でいるのは悪いこと」「みんなに囲まれているのはよいこと」という考え方のせいで、人は予定表を約束でいっぱいにする。土曜の夜に一人で家にいるなんてどうかしてる、それは「負け犬」がすることだ、と。予定表が常に真っ黒であれば、偉くなった気がするし、電話がリンリン鳴れば鳴るほど、計画を立てれば立てるほど、重要人物になれた気がする。

忙しい生活はまた、うまく気を散らしてくれる。取り組みたくない問題を抱えているなら、ご近所さんを夕食に招いたり、友達とショッピングに出かければいい。楽しい会話で頭をいっぱいにすれば、問題と向き合わなくてすむ。実際に友達と会えなくても、テクノロジーの進歩のおかげで、一人になる必要はない。どこにいたって電話で話せるし、ソーシャルメディアで誰かとつながっていられる。その気になれば一日中、〝一人時間〟を回避できるのだ。

「成果を出せ」という社会からのプレッシャーも見逃せない。常に「何かを成し遂げなくちゃ」と感じている人は、「一人の時間」を「ムダな時間」ととらえるだろう。だから、1秒でも時間が空いたら予定を入れる。部屋の掃除をしたり、「やることリスト」でもつくっているならともかく、ただ座って思いにふけるなんて……と考えるのは、それが直ちに目に見える成果を生まないからだ。

それにもちろん、一人でいると落ち着かない、という人たちもいる。絶え間ない雑音やバタバタに慣れきっているからだ。息抜き、沈黙、セルフケア、なんて言葉は彼らの辞書にない。一人で思いにふけるのを恐れるのは、わかっているからだ。少しでも暇ができると、悲しいことを思い出したり、今後をくよくよ思い悩んでしまう。と。だから、なるべく頭を忙しく動かしていたいのだ。

人は、「一人で過ごすこと」と「寂しいこと」を混同しがちだ。寂しさは、睡眠不足や高血圧、免疫力の低下、ストレスホルモンの増加につながると言われるが、一人でいるから寂しくなるとは限らない。実際、多くの人は、人がいっぱいの部屋で他人に囲まれているときに寂しくなる。寂しさとは、「力になってくれる人が一人もいない」と感じること。一方、一人で過ごすことは、一人で思いにふけることを選ぶことなのだ。

「孤独を恐れる習慣」の問題点

ヴァネッサが忙しく過ごせば過ごすほど、夜中になっても脳はスイッチオフにならなかった。思いがあふれて眠れない夜が続くと、やがて「静かな時間」をストレスと結びつけるようになった。さあ寝ようというのにテレビをつけていたのは、思考のおしゃべりを静めたかったからだ。

立ち止まって自分を取り戻す時間を取らないまま、日々の責任を果たし、人間関係に気を配っていると、疲れてしまう。残念ながら、一人の時間がくれるメリットは無視され、あなどられがちだ。研究によると、一人の時間には次のようなメリットがある。

1．**適度な一人の時間は、子どもにもよい。**1997年に行われたある調査によると、適度に一人の時間を持つ小学5年～中学3年生は、問題行動を起こしにくい。うつ病の発症率も低く、成績の平均点も高かった。

2．**職場での一人時間は、生産性を高める。**多くのオフィスはオープンな作業スペースを設けて、自由に意見を出し合えるよう工夫しているが、「ブレインストーミングにおける認知刺激」という2000年の調査によると、ほとんどの被験者は、いくぶんプライバシーがあるほうが業績は上がった。同僚から離れて過ごす時間が生産性を向上させるのだ。

3．**一人の時間は、共感をはぐくむ。**一人の時間を過ごしたほうが、他人への思いやりが高まる。特定の社会集団の中で多くの時間を過ごしていると、「自分たち対彼ら」という考え方に陥りやすい。そうなると集団の外にいる人たちに思いやりを示すことが減る。

4．**一人の時間は、創造力をはぐくむ。**成功しているアーティスト、作家、ミュージシャンの多くは、一人の時間が作品の質を上げる、と考えている。社会の要求から離れて過ごす時間が創造力を高める、という研究結果もある。

5．一人で過ごすスキルが、心の健康を助ける。社会的スキルの重要性ばかりが強調されがちだが、健康で幸せに生きるためには、一人で過ごすスキルも同じくらい大切だ、と判明している。一人の時間に耐える力は、幸福度や人生への満足度、ストレスに対処する力を高める。一人の時間を楽しむ人は、うつ病にもなりにくい。

6．一人の時間は、回復に役立つ。一人の時間は、充電のチャンスをくれる。研究によると、自然の中で一人の時間を過ごせば、休息と再生が得られる。

のんびりと一人の時間を持つのは難しいかもしれないが、それを怠ると、深刻な結果が待っている。私の友達のアリシアは、数年前、大変な経験をした。自分をいたわらなかったせいで、たまりにたまったストレスがある日、事件を起こしたのだ。

アリシアはその頃、第一子を出産したばかりだったが、週に25〜30時間、あまり好きじゃない仕事をしていた。しかも全日制の大学に復学した。卒業できていないことが後ろめたかったからだが、子どもとほとんど一緒にいられないことに、大きな罪悪感を抱えていた。

子育て、仕事、大学……と駆け回っているうちに、彼女の心身は傷ついていった。絶えず不安にさいなまれ、息ができない、と感じる。どっとじんましんが出て、食欲もない。それでも警告を無視して、猛然と突っ走っていた。そんなある日、いつものように一日が始まったが、とうとうストレスが頂点に達してしまった——と、あとから聞かされた。何しろ、記憶がないのだ。覚えているのは、病院で家族に見守られながら、目を覚ましたこと。

ガソリンスタンドで錯乱状態に陥った、と聞かされて、アリシアはゾッとした。スタンドのスタッフが気づいて、救急車を呼んでくれたという。名前や住所を聞かれても答えられず、「赤ちゃんが一人で家にいる」とつぶやいていた。

警察が家族と連絡を取り、子どもはアリシアの夫と家にいて、無事だとわかった。家族によると、その日の朝、アリシアは元気そうだったという。夫と普通に話をし、大学へ行く準備をすると、泣きながら子どもとバイバイをした。通学の途中では、父親に電話までしている。ところが学校に着く前に、わけがわからなくなってしまった。

彼女は結局、「一過性全健忘症」と診断された。精神的苦痛がまれにもたらす、一過性の記憶喪失だ。ありがたいことに、症状は数日で治まり、後遺症が残ることはなかった。

この出来事で、アリシアもさすがに目が覚めた。自分をいたわることの大切さに気づいたのだ。「以前は毎朝、『やることリスト』の項目を、一つひとつ思い浮かべながら起きていたの。そして、それを大急ぎでこなすことに、一日を費やしてた」。今はのんびり犬の散歩をしたり、庭仕事をしたり、一日を楽しむ時間を取っている。ストレスのたまり具合を意識して、自分をいたわるようになった。アリシアの体験は、教えてくれる。スローダウンして、身体が発するサインに耳を傾けるのは、大事なことなのだ。

沈黙に耐える訓練をしよう

ほとんどの人は日中、さまざまな雑音の中で過ごしている。一人で思いにふけるのがいやで、わざわざ騒がしさを求める人もいる。あなた——あるいは、あなたの知っている誰か——は、テレビやラジオをＢＧＭにして、眠りについていないだろうか？　自分に絶えず雑音を浴びせて、思考のおしゃべりをかき消そうなんて、健全なことじゃない。一日にほんのわずかでいいから、静かな時間を持つことで、人は充電できるのだ。

毎日少なくとも10分間、一人静かに座って、ただ思いにふけってみよう。常ににぎやかな暮らしに慣れていたら、最初は苦痛かもしれない。でも、訓練すれば、次第に難しくなくなっていく。一人の時間を使って、次のようなことをしてみよう。

1．**自分の目標に思いを馳せる。**毎日少し時間を取って、私生活や仕事上の目標を思い描こう。現状を評価し、どんな変化を起こしたいのか考えてみよう。

2．**自分の感情に注意を払う。**心身ともに自分が感じていることを、チェックしよう。ストレスの度合いに目を向け、自分を十分にいたわっているか、評価しよう。そして、人生を改善する方法はないか、考えてみること。

3．**今後の目標を設定する。**どんな未来を望むのか、夢を見るのをやめてはいけない。望み通りの人生を歩むための第一歩は、どんな未来を望むのかを明らかにすることだ。

4．日記をつける。日記は自分の感情を理解し、そこから学ぶための強力なツールだ。調査によると、経験したことや、経験にまつわる感情を書くことで、免疫力が高まり、ストレスが減り、心の健康にもプラスになる。

私たちが暮らす世の中では、常に誰かとつながっていられる。でも、デジタルなつながりを持てば持つほど、一人で思いにふけるチャンスを失う。スマホでメールをチェックし、ソーシャルメディアの情報をスクロールし、オンライン・ニュースを読んでいたら、膨大な時間を奪われるだろう。ここで数分、あそこで数分……が積み重なって、一日に何時間も失っているのだ。常に誰かとやりとりしていたら、やるべきことができなくなって、ストレスと不安が募るだろう。テクノロジーから離れて、日常生活に静かな時間をもっと組み込むこと。たとえば、次のことを試してみよう。

・何となくつけているテレビを消す。
・車に乗るときは、ラジオをつけない。
・携帯電話やスマホを持たずに、散歩に出かける。
・時々、電子機器をすべてオフにして、ひと休みする。

自分とデートの約束をしよう

一人の時間を実りあるものにするカギは、それが選択であること。たとえば、一人暮らしで社会から孤立しがちなお年寄りは、孤独を感じやすいし、一人でいるメリットを感じにくいだろう。でも、人づき合いが多く、忙しい毎日を送る人たちが、一人の時間を予定に入れれば、休息と再生のチャンスが得られる。

一人で過ごすことに抵抗があるなら、一人でポジティブな経験をしてみてはどうだろう？毎日数分間、一人の時間を取るだけじゃなくて、少なくとも月に1回、自分とのデートを予定に入れよう。

あえて「デート」と呼ぶのは、「一人で何かするのを選んでいる」と心に刻むため。友達がいないから、じゃなくて、健康によいからしているのだ。

2011年に行われたある調査によると、自分とデートの約束をした人の大多数が、落ち着きと安らぎを手に入れた。社会的な制約や期待から離れて、やりたいことが何でもやれる自由を楽しんだという。一方、少数ながら、自分とのデートを楽しめない人もいた。おそらく、彼らは一人でいることにまだ慣れていないだけで、一人の時間を増やしていけば、楽しめるようになるだろう。

小舟に乗って湖の真ん中で釣り糸を垂れれば、心穏やかに魂の洗濯ができる、という人もいるのだろうが、「いったい何が面白いの？」と感じる人も多いはずだ。嫌いなことは、長続きしない。一番いいのは、一人で楽しめる何かを見つけること。そうすれば、日常生活に組み込めるだろう。

自然が大好きなら、森で過ごしてみてはどうだろう？　おいしいものが好きなら、一人でも入りやすい好みのレストランやカフェを探して行ってみよう。一人を楽しむために、家にいる必要はない。むしろ、誰かと一緒のときにはしないことをしよう。

ただし、本に鼻をうずめていたり、誰かにメールを送って過ごすのはＮＧだ。自分とのデートのポイントは、一人で思いにふけること、なのだから。

瞑想を学ぼう

かつては瞑想といえば、修道士かヒッピーがやるもの、と思われていたけれど、最近は広く受け入れられている。今や医師やＣＥＯ、政治家をはじめ、多くの人たちが、瞑想が心身や魂の健康に及ぼす影響を評価している。

研究によると、瞑想で脳波が変わり、脳は時間と共に物理的に変化していく。わずか数ヵ月間の瞑想で、学習や記憶、感情をつかさどる脳の領域の密度が高くなり始める――と複数の調査結果が示している。ネガティブな感情を和らげたり、ストレスまみれの状況を新たな視点でとらえ直そうとしている人には、役に立つだろう。瞑想が不安やうつ病を減少させる、という研究結果もある。

魂にもたらすメリットについては、言うまでもない。「悟りへの道を開いてくれるのは、瞑想だけ」と主張する人もいるし、「祈りと瞑想を組み合わせるのがいい」と勧める人もいる。

さらなる研究によると、瞑想はぜんそく、がん、睡眠障害、疼痛、心臓病といった身体の問題にも役立つ可能性がある。研究の中には医療関係者が疑問を呈しているものもあるが、瞑想が身体にパワフルな影響を及ぼす可能性を否定することはできない。

オランダに住む中年男性、ヴィム・ホフが「アイスマン」の異名を持つのは、瞑想で極寒に耐える力があるから。氷水の中に1時間以上身を浸すなど、驚くような偉業を成し遂げ、耐寒にまつわる世界記録も20以上ある。彼はキリマンジャロ登頂に成功し、北極圏でマラソンをし、(足のけがで途中下山したが) エベレストの中腹まで登ったこともあるのだが、いずれもパンツ一丁で達成した。「何かからくりがある」と考えた研究者たちが、さまざまな検査を行ったが、結局、「ホフは極寒の中でも、瞑想で一定の体温を維持できる」と結論づけた。

氷水の中で1時間持ちこたえる能力なんて、はっきり言っていらないけれど、ホフの話は心と身体の驚くべきつながりを教えてくれる。瞑想にもいろいろあるので、自分にぴったりなものを見つけるために、少し調べてみるとよいだろう。長々と正式な瞑想をする必要はない。毎日5分でも瞑想すれば、心を静め、自分をもっとよく知ることができる。

次の手順に従えば、ごく簡単に、いつでもどこでも瞑想を取り入れられる。

1. **ムリのない姿勢で座る。**背筋をまっすぐに保てる姿勢を見つけよう。椅子を使っても、床に座っても構わない。
2. **呼吸に意識を向ける。**深くゆっくりと呼吸しよう。吸うときも吐くときも、息をしっかりと感じること。
3. **意識を呼吸に戻す。**心があちこちをさまよい、さまざまな思考が頭に浮かんできたら、また意識を呼吸に戻そう。

マインドフルネスの訓練をしよう

「マインドフルネス」は、瞑想の同義語として使われることも多いが、あれこれ判断せずに、今この瞬間に起きていることへの意識をしっかりと高めることをいう。今の世の中で暮らしていると、四六時中、いくつもの用事を同時進行でこなしたい気分に駆られる。犬の散歩をしながらメールを打ち、音楽を聴きながらキッチンを掃除し、パソコンのキーボードをカタカタたたきながら誰かと会話しようとする。つまり、心を込めて何かをするのではなく、心ここにあらずの状態なのだ。さっきまで手の中にあった車のキーでロックしたかどうか覚えていないし、シャワーを浴びながら「もうシャンプーしたっけ？」などと首をかしげている。

研究によると、マインドフルネスには、瞑想とよく似たメリットがたくさんある。ストレスを減らし、うつの症状を緩和し、記憶力を高め、感情的な反応を和らげ、人間関係の満足度も高めてくれる。「マインドフルネスは、幸せを見つけるカギになる」と話す研究者も多い。さらには、免疫機能の向上や、ストレスによる炎症の緩和など、健康上のメリットもある。

マインドフルネスのスキルがあれば、「正しい」「間違っている」「こうあるべき」と判断することなく、今この瞬間の自分の思考をありのままに受け入れられる。意識を高め、一日を通して、目の前の活動に集中する力をくれる。今この瞬間をいきいきと生きながら、一人思いにふける心地よさを感じるよう後押ししてくれる。

マインドフルネスのスキルも、本やビデオ、ワークショップ、研修会などで、いろいろな人がいろいろなやり方で教えている。あるやり方がしっくりこなければ、別のやり方を探してみよう。スキルを磨くカギは、訓練と熱意が必要だと心に留めておくこと。こうしたスキルを学べば、人生の質が変わり、一人の時間を違った目で見られるようになる。

マインドフルネスの訓練をすればするほど、日々のあらゆる活動を通して、しっかりと目覚め、しっかりと意識を高めていける。エクササイズをいくつか紹介しよう。

1. **身体をチェックする。**つま先から頭のてっぺんまで、身体の各部分にゆっくりと注意を払おう。緊張している部分を探して、緊張を手放し、筋肉をリラックスさせよう。

2. **10まで数える。**目を閉じて、ゆっくりと10まで数える練習をしよう。途中で心がさまよいだしたのに気づいたら、またゆっくり数えることに意識を戻そう。

3. **意識的に観察する。**ペンやコップなど、普段から家に転がっているものをひとつ見つけて両手で持ち、そこにすべての意識を集中させよう。評価したり判断したりせずに、見かけや手触りを観察すること。「今ここ」に意識を集中させる努力をしよう。

4. **ひと口ずつ意識して食べる。**レーズンやナッツのような、小さな食べ物を手に取り、なるべくたくさんの感覚を使って掘り下げてみよう。まずは目で見て、質感や色を感じよう。次に手触りをよく確かめ、そのあと、においに意識を向けよう。それから口に入れて味わおう。ゆっくりと噛んで風味を感じ、少なくとも20秒間、食感を味わおう。

「孤独を恐れる習慣」をやめれば、強くなれる

ヴァネッサが瞑想やマインドフルネスを使って、寝る前に心を静められるようになると、仕事にも変化が現れた。一日を通して、前より集中できるようになったのだ。仕事の能率も上がり、スケジュール表はびっしり埋まっていても、落ち着いた気分で過ごせている。

心を静め、一人で思いにふけるすべを学ぶことは、人生を変えるほど強烈な体験だ。ニュースキャスターのダン・ハリスは著書『10% HAPPIER』（大和書房）の中で、瞑想がいかに人生を変えてくれたかを語っている。ABCテレビの報道番組『ナイトライン』の共同アンカーや、『グッド・モーニング・アメリカ』の週末アンカーを務めていた彼は、毎日最高の自分を生放送で届けなくちゃならなかった。それなのにある日、本番中にパニック発作に見舞われ、番組を途中で投げ出したのだ。「人生で一番恥ずかしい出来事」と本人が語るこの事件は、うつ病を自分で治そうと、危険ドラッグやコカインを使ったせいで起きたものだった。これに懲りて、薬物から足を洗ったハリスは、ストレスに対処する方法を探し始めた。

ちょうどその頃、宗教を取材するシリーズものの仕事が入り、瞑想と出会う。最初はまるで興味がなかったが、学べば学ぶほど、偏見は薄らいでいった。そしてついに、身をもって

知ることになる。不安を静める現実的な方法を、瞑想が教えてくれると。

当初は「瞑想を始めたんだ」と人に言うのははばかられたけど、自分の体験が人々の役に立つことに気がついた。ハリスは明言している。「瞑想が魔法のように人生のすべてを解決してくれたわけじゃありません。でも、ぼくの気分を10パーセント改善してくれました。自分の心をまっすぐに見つめるまで、自分の人生とは何なのか、知ることはできません」

瞑想するにせよ、自分の目標について静かに考えるにせよ、一人の時間を過ごすことは、自分自身を知る一番の方法だ。大切な人をもっとよく知りたくて、一緒にいい時間を過ごすのと同じで、自分を知る時間を持つことは、とても大切だ。自分をよく知れば、持てる力をフルに発揮するのを邪魔しているものが何なのかも、見えてくるだろう。

一人の時間で人生を豊かにしよう!

「無人島に一人取り残されてみたい」なんて夢見ているとしたら、一人の時間を先延ばしにしてきた証拠だ。一人の時間を確保するのは、わがままでも時間のムダでもない。それどころか、これほど役に立つ行動もそうそうない。一人の時間は、さまざまな形で人生をよくしてくれる。周りで何が起こっているかわからないまま、次から次へと用事をこなすのではなく、すべての瞬間を楽しむすべを教えてくれる。

12「自分は特別だと思う習慣」をやめる

ルーカスがセラピーを受けにきたのは、会社の人事部から「『従業員支援プログラム』を活用したらどうですか?」と勧められたから。カウンセリングを何度か無料で受けられるのだ。

ルーカスは経営学の修士号を取得して、最近就職したばかり。素晴らしいポジションに心を躍らせ、会社のことも信頼していた。なのに同僚たちは、自分を迎えたことをあまり喜んでいないように見える。ルーカスは「こうしたらもっと利益が上がるのに」と再三上司に提案し、「こうすればもっと能率も生産性も上がりますよ」と同僚たちにアドバイスし、週一のチーム会議でもさんざんアイデアを出しているのに、誰も耳を傾けてくれない。そこで、「チームリーダーにしてください」と上司に直談判した。もっと権限があれば、快くアドバイスを聞いてもらえる、と思ったからだ。

残念ながら昇進どころか、上司から「会社にいたいなら、少し自分を抑えなさい」と言われてしまった。同僚たちからルーカスの態度への不満がぽつぽつ出始めていたのだ。その足で人事部へ行って不満をぶちまけると、カウンセリングを勧められた、というわけだ。
「昇進は当然だと思うんだ」と、本人は言う。新入社員なのに「利益を上げる素晴らしいアイデアを持ってるんだから、給料が上がって当然だ」と、信じている。そこで、「自分ほど貴重な人材はいない」という思い込みと、雇用主が事態をどう見ているかを一緒に考えてみた。同時に、図々しい思い込みがどんな結果をもたらすかも話し合った。彼がようやく理解したのは、知ったかぶりの態度で、自分がトラブルを起こしていること。そして同僚、とくに上司が苛立っていること。

会社には何十年も働き、ゆっくりと出世の階段を目指している人もいる。なのに大学出たての人間がアドバイスしようだなんて、どれほどその人たちを苛立たせたことだろう。ルーカスは同僚をたびたび「ばかだと感じる」と認めている。そうした思いが、いかに生意気な態度を取らせるかについても話し合った。一緒に考え方を見直すうちに、長く勤めている社員が会社に貢献していることにも気がついた。そして、ばかなのではなく、「やり方が違うだけだ」と自分に言い聞かせるようにした。「自分のほうがデキる社員だ」という思いがむくむくわいてきたら、「自分はまだ新人で、学ぶことがたくさんある」と、心に刻むようにした。

「会社が優秀な社員に期待する行動リスト」を作成するよう促すと、ルーカスは「自分が全部できてるわけじゃない」と認めることができた。同僚のサポートや礼儀正しいふるまいができていないし、注目を浴び、要求を通すことばかりに心を砕いていると気がついた。

新たな気づきをもとに、ルーカスは職場での行動を改めた。まずは、山ほど繰り出していたおせっかいなアドバイスをやめた。自分が控えめになって無理強いしなくなると、同僚のほうから「君はどう思う？」と尋ねてくれるようになった。軌道修正できたという手応えを得て、「貴重な人材」ではなく、「役に立つ社員」になれるよう、努力する自信もついてきた。

自分が世界の中心にいる人たち

私たちはみんな、「人生で正当な分け前をもらいたい」と考えがちだ。でも、自分が何者で、何をくぐり抜けてきたかによって、「報われて当然だ」と考えるのは健全なことじゃない。次の文章の中に、自分に当てはまるものはないだろうか？

□ 車の運転や人づき合いなど、たいていのことは、普通の人よりうまくできると思う。
□ 結果をそのまま受け入れるのではなく、言葉巧みに問題を切り抜けるほうだ。
□ 成功するために生まれてきた、と信じている。

□私の価値は物質的な豊かさに左右されている、と思う。
□私には幸せになる資格があると思う。
□人生のトラブルは経験ずみだから、そろそろ私によいことが起こって当然だ、と思う。
□人の話を聞くより、自分の話をするほうが楽しい。
□自分は賢いから、必死で努力しなくても成功できると思う。
□身の丈を超えた買い物をしてしまうが、「私にはその価値がある」と正当化している。
□自分は多くの事柄のエキスパートだ、と考えている。

自分は特別だからみんなほど努力しなくてもいい、みんなと同じプロセスをたどらなくてもいい、と考えるのは健全ではない。でも、「当然のものが得られない」と愚痴を言うのをやめる方法はあるし、身につけられる。「自分は特別だ」という思いを捨てられるよう、メンタルを強くするすべを学ぶこともできるのだ。

なぜ、「報われて当然だ」と考えるのか？

ルーカスは一人っ子で、幼い頃から両親に、「おまえは生まれながらのリーダーだ」「成功するために生まれた特別な子よ」と言われ続けて育った。だから大学を卒業したときも、自信にあふれていた。会社は即座に自分の才能を見抜き、チームに迎え入れた幸運に感謝するだろう、と思い込んでいた。

「つらい境遇に耐えたんだから、埋め合わせがあって当然」と考えているにせよ、「誰より優秀なんだから、報われて当然」と思っているにせよ、ルーカスのような人はどこにでもいる。他人のそんな態度は鼻につくものだが、誰もが一度や二度、そんな気分に陥ったことがあるだろう。自分のことは見えにくいけれど。

私たちは権利や特権の意味をはき違えやすい世の中で暮らしている。他人の権利を侵すことになっても、自分には「幸せになる権利」「丁寧に扱ってもらう権利」がある、と考える人は多い。特権を手に入れようと努力するのではなく、社会が与えてくれて当然であるかのようにふるまう。広告は、わがままや物質主義をあおることで、購買意欲をそそる。お金があろうがなかろうが「当然の権利だ」と考えれば、多くの人が借金で首が回らなくなるだろう。

「報われて当然だ」という思いは優越感だけではなく、不公平感からも生まれる。たとえば、つらい子ども時代を過ごした人が、クレジットカードを限度額いっぱいまで使っているのは、子どもの頃に持てなかったものを、めいっぱい自分に買い与えるからだ。昔持てなかったぶん、「世の中が、素敵な物を持つチャンスをくれて当然だ」と考える。こうした特権意識は、「自分は優秀だ」と思っているときと同じくらい、たちが悪いかもしれない。

『自己愛過剰社会』（河出書房新社）を書いた心理学者のジーン・トウェンギは、自己愛や特権意識について数々の調査を行った。若い世代は物質的な豊かさを求める気持ちは強いが、労働意欲は薄いという。トウェンギによるとこのギャップは、次のような理由から生じる。

1．子どもの自尊心を高める取り組みが、度を超えている。子どもたちは学校や家庭で、「君たちは特別な存在だ」と教えられる。子どもに「自分が一番」と書いたシャツを着せたり、「あなたは最高」などと繰り返し伝えることで、うぬぼれをあおっている。

2．親に甘やかされて、行動に責任を持つすべを学んでいない。何でもほしいものを与えられ、悪いことをしても罰を受けないので、努力して何かを手に入れる大切さを学んでいない。逆に、あれもこれもと与えられ、どんな行動をしても、ほめられてばかりいる。

3．ソーシャルメディアが、うぬぼれをあおっている。今の若者は、「自撮り写真」や自分を売り込むブログのない世界など、想像もできない。ソーシャルメディアが実際に自己愛をあおったり、優越感のはけ口になっているかどうか定かではないが、「人が自尊心を高めるためにソーシャルメディアに向かう」ことはいくつかの調査で裏づけられている。

「自分は特別だと思う習慣」の問題点

特権意識は、実力で何かを勝ち取る邪魔をする。「もらえるはずのものがもらえない」と文句を言うのに忙しいときに、努力できるだろうか？　自分が何者で、何をくぐり抜けてきたかによって、「もらえて当然だ」と期待しているのだから、いっそう頑張ったりしないだろう。「当然の権利」を必死で主張していたら、自分の行動に責任を持つことはできない。

現実離れした要求を他人に突きつけたり、「もらえて当然」のものを手に入れるのに必死でいたら、いい人間関係を築くことはできないだろう。「私を大切にしてくれて当然」と要求ばかりしている人は、優しいパートナーを引き寄せる愛情や敬意を、自分が差し出せていない。

自分のことだけに目を向けていたら、他人に共感できない。自分にごほうびをしょっちゅうあげて、「素敵な物を自分に買い与えて何が悪いの？」と思っているなら、時間やお金をほかの人のために使ったらどうだろう？　与える喜びを味わう代わりに、自分が持っていないものにこだわってはいないだろうか？

ほしいものすべてが手に入らないと、特権意識は苦々しい感情に変わる。何となく被害者意識を持ってしまうからだ。

自分が持っているすべてのもの、自由に取り組めるすべてのことを楽しむ代わりに、持っていないものやできないことだけに目を向けていると、人生で一番よいものをいくつも見逃してしまうだろう。

自分の特権意識に気づこう

メディアを通して、私たちはいつも目にしている。お金持ちやセレブ、政治家といった面々が、「ぼくらは特別だから、法律や規則なんか関係ない」というふるまいをするのを。

飲酒運転で4人の命を奪い、殺人罪で起訴されたテキサス州の少年がいた。弁護団は、少年が「金持ち病」にかかっていた、とほのめかした。「ぼくが法律で裁かれるわけない」と思っていたのだ。弁護団の主張はこうだ。少年に責任を負わせるべきじゃない。裕福な家庭で育ち、両親に甘やかされ、何をしても一度も責任を問われたことがないのだから……。少年は結局、薬物乱用のリハビリプログラムと保護観察処分を言い渡されただけで、刑務所に入ることはなかった。こうした話を聞くと、首をかしげたくなる。私たちは社会として、「世の中が一部の人間を特別扱いするのは当然だ」という考えを受け入れつつあるのではないか？

ここまで露骨でなくても、特権意識はそこここにあふれている。たとえば、望んでいた仕事に就けなかったとき、友達はこんなふうに言わないだろうか？　「もっといいものが手に入る、ってことだよ」「これを乗り越えたら、いいことが起こらなくちゃおかしいよ」。善意にあふれたコメントには違いないけど、世の中はそんなふうに動いちゃいない。あなたが世界一の賢人であろうが、人生の荒波に耐え抜いた苦労人であろうが、ほかのみんなより幸せになる権利があるわけではない。こうしたかすかな特権意識に気づく努力をしよう。心の奥で「報われて当然」と思い込んでいないか、次のような思考はないか、観察すること。

・私は、もっと報われて当然だ。
・あの法律には従わない。ばかげているから。
・私の価値はこんなものじゃない。
・私は大成功するはずだった。
・私にはきっと、よいことが起こる。
・私には昔から、どこか特別なところがある。

特権意識を持っている人は、自分をよくわかっていない。自分と同じように、他人も自分を見てくれている、と思い込んでいる。自分の思考に注意を払い、次の真実を心に刻もう。

1．人生は公平ではない。みんなに公平にカードが配られたか、神さまやこの世の誰かが確認してくれるわけじゃない。人より好ましい経験を多くする人もいるが、それが人生というもの。よくないカードが配られたからといって、報われて当然なわけではない。

2．自分の問題が特別なわけではない。自分とまったく同じ人生を歩む人はいないが、ほかの人も同じような問題や悲しみ、不幸な出来事を経験している。自分よりさらにひどい問題を克服した人も、たくさんいるはずだ。「人生はたやすい」と言った人は、一人もいない。

3．失望にどう対処するか選択できる。状況は変えられなくても、対処の仕方は選べる。被害者意識を持たずに、問題や不幸な出来事に対処しよう、と決めることはできる。

4．「報われて当然」ではない。ほかのみんなと違っていても、あなたのほうが優れているわけではない。「よいことが起こって当然だ」「時間や手間をかけなくても、私は恩恵を受けられる」などと考える理由はどこにもないのだ。

もらうのではなく、与えることに心を注ごう

私が「サラの家」を知ったのは、資金集めのイベントを告知するラジオコマーシャルを聞いたときだ。その時は知らなかったが、母が亡くなる前の晩に観たバスケの試合でプレーしていた双子の一人が、サラ・ロビンソンだった。

サラは24歳のとき、脳腫瘍と診断された。手術を受け、1年半にわたって化学療法を続けたものの、がんとの闘いに敗れた。サラは治療中、「何て不公平なの」とは一度も言わなか

った。ほかの人を助けることに大忙しだったから。

治療センターでほかのがん患者と会ったサラは、ショックを受ける。多くの人が、それは遠くから車で通院していたからだ。1クール6週間の治療中は、週に5日、往復5時間かけて通っている人もいた。ホテル代が高くつくからだ。ウォルマートの駐車場に車を駐めて、中で寝ている人までいた。「命がけで闘ってるのに、こんなのないわ」とサラは思った。

最初は「2段ベッドを買って、うちに泊まってもらおうかしら」とジョークを飛ばしていたけど、長い目で見たら解決策にならないことは明らかだった。そこで、治療センターのそばに宿泊施設を建てることを思いついた。サラは数年前から、地元の奉仕団体、ロータリークラブのメンバーだった。クラブのモットーである「超我の奉仕」こそが、サラの信念だ。クラブに相談すると、建設をサポートしてくれることになった。

このアイデアを形にしようと、サラは熱心に辛抱強く取り組んだ。化学療法を受けているときも、夜中に起き出してはプロジェクトの作業をし、体調が悪化しても、前向きな姿勢は変わらなかった。家族に、こんなふうに話していたという。「私はパーティの途中でいなくなったりしないわ。ホスピタリティ・ハウスに一番乗りするんだからね」。神を信じる思いと同じように、ホスピタリティ・ハウスを形にしたい、という願いも一度も揺るがなかった。

２０１１年12月、サラは26歳の生涯を閉じた。家族や友達は「サラの家」を形にしようと、18ヵ月間に約１００万ドルを集めた。サラの小さな娘も資金集めに参加している。ママのためにレモネードを売って稼いだお金を、「サラの家」と書いたびんに貯めているのだ。ママ全員がボランティアで根気よく働き、元家具店を、どんな患者さんも受け入れるホスピタリティ・ハウスに変えた。

不治の病と診断されると、たいていの人は「なぜ私なの？」と問いかけるけど、サラは違っていた。自分でパジャマを着られないほど体調が悪化して、夫に着せてもらうしかなくなっても、「私ほどラッキーな女性はいない！！！」と日記に書いた。

サラは間違いなく、人生に持てるすべてのものを注いだ。だからあの若さで、勇敢に死と向き合えたのだ。亡くなる少し前、サラは願いのひとつを明かしている。それはみんなに地元のコミュニティに参加してほしいということ。「それって人生で一番大事なことよ」。彼女ははっきりと語っている。「人生の終わりに、あと一日職場で過ごせていたらなぁ、なんて思う人はいない。誰もが、もっとほかの人たちのために時間を使えばよかった、って思うものよ」

サラは「がんになった私は報われて当然」なんて考えに、貴重な時間を1分たりとも使わなかった。自分が世の中に与えられるものを考え、見返りも期待せず、人々を助け続けた。

チームプレーヤーとして行動しよう

同僚と仲良くする、真の友情をつむぐ、恋人との仲を改善する。どれもチームプレーヤーでなければできないことだ。「正当な分け前がほしい」と主張する代わりに、次のことを試そう。

1. **自分の価値にではなく、努力に目を向ける。**自分にどれほど実力があるかにではなく、自分の努力に目を向けよう。常に改善の余地があるはずだ。

2. **批判は潔く受け入れる。**誰かのフィードバックに対して、「ばかだな」などと決めつけないこと。その意見は、相手があなたをどう見ているかに基づいているのだから、あなたの見方と違って当然なのだ。批判を快く受け入れ、自分の行動を改めるかどうか検討しよう。

3. **自分の欠点や弱点を認める。**認めたくないかもしれないが、自分もみんなと同じく、不安や問題や性格的な欠点を抱えている、と理解すれば、ムダに自己イメージをふくらませずにすむ。ただしそんな弱点を、「報われて当然」と考える口実にしないこと。

4. **立ち止まって、他人の感情に思いを馳せる。**自分にふさわしい人生を思い描くだけでなく、ほかの人がどう感じているか、考える時間を取ろう。他人への共感が高まれば、うぬぼれることもなくなる。

5. **自分の善行を数えない。**お年寄りに手を貸そうが、世の中があなたにお返しをする必要はない。自分の善い行い——別名：「不当に扱われている」と感じる理由——を数え上げないこと。「もらえて当然」と思っているものを受け取れなかったとき、がっかりするから。

「自分は特別だと思う習慣」をやめれば、強くなれる

１９４０年、ウィルマ・ルドルフは早産で生まれた。体重１８００グラムほどの未熟児だった彼女は、病気がちな子どもだった。４歳でポリオにかかって左足がゆがみ、９歳までギプスをつけていた。その後はさらに2年間、矯正靴を履かされた。理学療法の効果もあって、12歳でようやく普通に歩けるようになり、生まれて初めて学校の運動部に入ることができた。

そのとき、「走ることが大好きで足が速い」と気づいた彼女は、トレーニングを開始する。16歳になる頃には、１９５６年のオリンピックチームのメンバーに選ばれていた。そして最年少メンバーとして、「４×１００メートルリレー」で銅メダルを獲得。その後はテネシー州立大学に進学して陸上を続け、１９６０年のオリンピックでは、ひとつのオリンピック大会で3つの金メダルを獲得した初のアメリカ人女性となった。

大人になってからの問題を、つらかった子ども時代のせいにする人は多いけれど、ルドルフは違っていた。うまくいかないのは「病弱だったから」「黒人女性として差別されたから」「スラム街の貧しい家庭で育ったから」と言い訳することもできただろうけど、「その分、報われて当然」なんて思っていなかった。彼女はこんな言葉を残している。「何を達成したいにしろ、すべては自制心の問題です。私は、スラム街の通りの向こうに、人生が何を用意してくれているのか見つけよう、と心に決めたのです」。こうして、足にギプスをつけて歩いていた女の子は、数年後にオリンピックのメダルを勝ち取った。ルドルフは１９９４年にこの世を去ったけれど、彼女が遺したものは、今も次世代のアスリートたちを励まし続けている。

「もっともらえて当然だ」と主張しても、人生の助けにはならない。時間とエネルギーをムダにした挙げ句、がっかりすることになるだろう。

「もっとほしい」と求めるのをやめて、今持っているものに満足できれば、人生はとてつもなく豊かになる。苦々しさやわがままではなく安らぎと満足感を抱いて、前に進んでいける。

うぬぼれを捨てて謙虚になる！

メンタルの力を高めるためには、「こんなの割に合わない」なんて愚痴をこぼさず、世の中が与えてくれるものを受け入れる必要がある。また、つい格好をつけて「報われて当然、なんて思ってない」と言いたくなるものだが、誰もが「もっともらえてもいいのに」と、心のどこかで思っている。人生のどんな時期に、どんなことで、ふとそんな態度を取ってしまうのか、よく目を光らせよう。自滅的な考え方から抜け出せるよう、対策を取ろう。

13「すぐに結果を求める習慣」をやめる

マーシーは、人生に何となく不満を感じている。結婚生活は「まあまあ」だし、二人の子どもたちとの関係も悪くない。仕事は夢に見た職種ではないけど、とくにいやでもない。もっと幸せを感じられてもいいのに、人よりストレスもたまっている気がする。

もう何年も自己啓発本を読みあさってきたけれど、人生は変わらなかった。数年前には3回ほどセラピーにも通ってみたけど、やっぱり人生は変わらない。さらにセラピーを受けたって同じだと言い切れるけど、「受けました」と医者に言えば、気分が晴れる薬を快く出してくれるかもしれない。「今はセラピーなんかに、時間もエネルギーもかけてられないの」と、本音を語ってくれた。

私もうなずいて言った。「その通りよ。やる気がないなら、セラピーなんか何の役にも立ちません」。ただし、こうも説明した。「薬だって、すぐに効くわけじゃありませんよ」。抗うつ剤は何らかの変化が現れるまでに、少なくとも4～6週間くらいかかる。時には、適した薬や投与量がわかるまでに、もっと時間がかかることもある。おまけに、薬を飲んでも少しも楽にならない人だっている。

私ははっきりと言った。「セラピーを一生続ける必要はないのよ。むしろ、短期間のセラピーが効果を生むこともあります。セラピーの回数で効果が決まるわけじゃないので。セラピーが成功するかどうか、すぐに効果が得られるかどうかは、本人の取り組み次第なんです」と。

何回かセッションをして明らかになったのは、マーシーが人生の多くの分野で、すぐに結果を求める人だということ。体操教室にしろ、趣味にしろ、新しいことに挑戦するたびに、望み通りの結果がすぐに出ないと投げ出してしまうのだ。まあまあな結婚生活を「素晴らしい」ものに変えたくて、何週間かは最高の妻になろうと努力してみる。でも、絵に描いたような幸せが即時に手に入らないと、「やーめた」となってしまう。

「すぐ手に入る喜び」を求める気持ちが、私生活にも仕事にも影響を及ぼしていた。たとえば、「キャリアアップにつながるから、修士号を取りたい」とずっと夢見ていながら、とてつもなく長い時間がかかる気がして、一歩踏み出せずにいる。そうやって2年で取れる学位を、もう10年も先送りしてきたことに、かつてないほどいらいらしていた。

そこで、さらに数ヵ月かけて、いらいらに耐え、忍耐を学ぶコツを見つけた。そして、大学院への進学や、結婚生活の改善など、いくつかの目標にも目を向けた。目標達成のための小さな行動ステップを明らかにし、進捗を評価する方法も話し合った。こうしてマーシーは、新たな姿勢で目標に取り組み始めた。大きな成果を生むには時間がかかることを理解し、それに備えるようになったのだ。変化を起こす決意が人生を変える、とようやく気づいた彼女は、将来への希望と、一歩ずつ前に進む力も手に入れていた。

忍耐力ゼロのハイペース社会

ハイペースな世の中で暮らしているからといって、ほしいものがすべてたちどころに手に入るわけじゃない。結婚生活を改善したいにしろ、起業したいにしろ、すぐに結果を求めたのでは、失敗に終わるだろう。次の文章の中に、自分に当てはまるものはないだろうか？

□「果報は寝て待て」なんて、信じていない。
□「時は金なり」だから、1秒だってムダにしたくない。
□私には忍耐力がない。
□すぐに成果が見えないと、取り組みがうまくいっていない、と考える。
□何事も今すぐにすませたい。
□労力やエネルギーをかけずに、ほしいものを手に入れたいから、たいてい近道を探す。

□　周りが自分のペースで進まないと、いらいらする。
□　すぐに結果が出ないと、あきらめてしまう。
□　目標をすぐ見失ってしまう。
□　何事もすばやく起こるべきだ、と思う。
□　目標の達成や、何かを成し遂げるのにかかる時間を、短く見積もりがちだ。

メンタルの強い人たちは、手っ取り早い方法が一番の解決策とは限らない、と理解している。自分の力をフルに発揮したいなら、現実的な期待をはぐくむことと、「成功は一夜にして成るものじゃない」と理解することが、欠かせないのだ。

なぜ、なんでもスピード重視なのか？

マーシーは、年々気が短くなる気がしていた。物事が自分のペースで進まないと、うるさくせかすようになった。口癖は「早くしなくちゃ。もうトシなんだもの」。この強引な態度が効くこともある。子どもたちや同僚は、彼女の真剣な態度を見て、たいてい言うことを聞いてくれた。でも、いらいらのせいで、人間関係が壊れてしまうこともあった。

素早く気分が晴れる方法を探しているのは、マーシーだけじゃない。アメリカ人の10人に一人が抗うつ剤を服用している。抗うつ剤は、「臨床的うつ病」と診断された患者さんには効果があるが、抗うつ剤を飲んでいる人の大半は、精神科医からうつ病と診断されたことがないという研究データがある。それでも多くの人が、人生をよくする近道だからと、安易に薬を飲みたがる。

同じことが、子どもたちにも起こっている。問題行動を起こす子どもの親は、問題を静めてくれる「お薬」をほしがることが多い。ＡＤＨＤだと診断されたなら薬は効くけれど、子どものお行儀をさっと直してくれる魔法のお薬など存在しない。

私たちは列に並ぶ必要も待つ必要もない、スピーディな世の中に住んでいる。手紙を出して届くまで何日も待っていたのは昔の話。今や電子メールを使えば、数秒以内に世界中のどこへでも情報を送れる。ＣＭが終わるのを待たなくても、大好きなテレビ番組を見続けられるし、オンデマンド・サービスを使えば、一瞬のうちに観たい映画を楽しめる。電子レンジやファストフードがあれば、ものの数分で何か食べられるし、たいていのものはオンラインで注文すれば、24時間以内に玄関に届く。

ハイペースな世の中は、待てない人を増やしただけじゃない。巷は「一夜にして成功した人」の話題で持ちきりだ。YouTubeのビデオがきっかけでスカウトされたミュージシャンや、リアリティ番組に出てあっという間にセレブの仲間入りを果たした人たちの話を、聞いたことがあるだろう。起業した途端に、何百万ドルももうけた会社のことも。この手の話が、「すぐに結果がほしい」という気持ちをあおるのだ。

現実には、直ちに成功を収めるなんて稀な話。ツイッターの創設者は、ツイッターを立ち上げる前に、モバイル商品やソーシャルネットワークの開発に8年も費やしていたし、アップル社のiPodも、3年間に4つのバージョンを投入して初めて、売り上げが伸びた。アマゾンだって、最初の7年間は赤字だった。こうした企業が一夜にして成功したかのように言われるのは、人々がそれまでの苦労ではなく、最終的な結果しか見ていないからだ。

そんなわけで、人生のほかの分野でも、「すぐ結果を出したい」と考える人が増えても不思議じゃない。食べすぎ・飲みすぎのような悪い習慣を断ち切るにせよ、借金の返済や大学の学位を目指すにせよ、今すぐでないとイヤなのだ。その理由をさらに挙げてみよう。

1. **忍耐力がない。**私たちが普段取っている行動を見れば、物事がすばやく起こるのを期待していることがわかる。マサチューセッツ大学アマースト校でコンピュータ・サイエンスを教えるラメシュ・シタラマン教授の調査によると、テクノロジーに関して、人は2秒しか待てないとわかっている。動画が2秒以内に再生されないと、人々は別のウェブサイトへ移り始めるのだ。私たちは明らかに忍耐力を欠いていて、直ちに望む結果が得られないと、さっさとあきらめてしまう。

2. **自分の能力を買いかぶっている。**人は「うまくやれる」と思うあまり、すぐに結果を出せると考えがちだ。就職して1ヵ月でトップセールスマンになれる、2週間で体重を10キロ減らせる、などと思い込むのだ。根拠なき自信をもとに自分の能力を買いかぶると、思い通りの結果が出ないときに、落ち込んでしまうだろう。

3．変化にかかる時間を短く見積もっている。私たちは、物事を瞬時に行うテクノロジーに慣れすぎて、人生のすべての分野で、すぐに変化を起こせると勘違いしている。人間はテクノロジーほどすばやくはないのに、個人の変化にも企業の経営にも時間がかかるということを忘れている。

「すぐに結果を求める習慣」の問題点

「簡単に変われる」「すぐ結果が得られる」などと現実離れした期待を抱くと、失敗しやすい。１９９７年に行われたある調査研究によると、リハビリ施設を退院するとき、「禁酒できる」と自信満々の患者ほど、依存症がぶり返しやすい。簡単に目標を達成できる、と思い込んでいる人ほど、すぐに結果が出ないと道を踏み外しやすいのだ。

また、すぐに結果を求めると、十分に取り組まずに、投げ出してしまいがちだ。「取り組みが効果を上げていない」と勘違いするからだ。たとえば、新たな販売キャンペーンにお金をかけている経営者は、すぐに売り上げが伸びないと、「宣伝効果がない」と考えるかもしれない。でも、広告でブランドの認知度が上がれば、長期的には着実に売り上げが伸びていくだろう。1972年に実施されたある調査によると、被験者の25パーセントが15週間以内に新年の誓いをあきらめていた。ところが、時計の針を早回しにして1989年まで進めてみると、被験者の25パーセントが新年の誓いを手放したのは、わずか1週間後だった!

すぐに結果を求める姿勢は、次のような悪影響ももたらしかねない。

1. 近道をしたくなる。すぐに結果が出ないと、無理やり事を急ごうとする場合がある。たとえば、ダイエットをしても2〜3週間で効果が出ないと、急激で無謀な方法に走る。もっと強く、もっと速くなりたいアスリートは、運動能力を高める薬に頼る。近道は、危険な結果を招きかねないのだ。

2. 将来に備えなくなる。「何もかも今ほしい」という態度では、長期的なビジョンは描けない。これは投資の世界でも顕著で、人々は30年後ではなく、即座に見返りを求める。2014年に行われた「退職後の生活への自信度調査」によると、アメリカ人の36パーセントが貯金や投資を1000ドル未満しかしていない。老後のために貯金できないのは、明らかに経済的な要因が絡んではいるが、すぐ手に入る喜びを求める姿勢も、ひと役買っている。今日の楽しみのためにお金を使いたいから、長期的な投資をしたくないのだ。

3. 誤った結論を導いてしまう。すぐに結果を求める人は、「十分に検討したから、結論が出せる」と考えがちだが、実は、状況を正確に把握できるほど時間をかけていないかもしれない。たとえば、事業を1年で軌道に乗せられない人は、「もうけが出ないから失敗だ」と判断するかもしれない。実際には、採算が取れるにはもう少し時間が必要だろう。

4．**ネガティブで不快な感情を生む。**期待通りにいかないと、がっかりしたり、いらいらするものだ。ネガティブな感情が募ると、進捗も遅れる。何かを始めてすぐ「もっとよい結果が出るはずなのに」と思うと、すべてを投げ出したくなるだろう。

5．**目標を妨げる行動に走る。**現実離れした期待が行動に影響を及ぼすと、望み通りの結果がますます出にくくなる。ケーキを急いで焼きたいからと、オーブンを何度も開けてチェックしていたら、そのたびに熱が逃げて、ますます時間がかかる。あわてて結果を出そうとすると、気づかないうちに自分の努力に水をさす行動を取ってしまうのだ。

長期的かつ現実的な期待をはぐくもう

年収が5万ドルなのに、半年で10万ドルの借金は返せない。5月から運動を始めて水着の季節までに10キロやせるのも、新入社員がいきなり大出世を果たすのもムリな話。この手の期待を抱いていたら、目標の達成など夢のまた夢だろう。

大切なのは長期にわたってモチベーションを保てる現実的な期待を持つこと。目標に対して現実的な期待をはぐくめる方法を紹介しよう。

1. **変化の難しさを見くびらない。**いつもと違うことをすること、目標達成のために努力すること、悪い習慣を手放すことは難しい、と知っておこう。

2. **目標達成に、明確な期限を設けない。**結果を出すおおよその期限を設けておくと役に立つが、明確な期限は設けないこと。たとえば、一定期間に（21日間か38日間とする人が多い）よい習慣を取り入れたり、悪い習慣を手放せる、と主張する人もいる。でも冷静に考えれば、現実的ではない。私なら2日もあれば、毎日のアイスクリームを習慣にできるが、朝食にコーヒーを飲む習慣を断つのには、半年ほどかかるだろう。だから、理想をもとに予定表をつくらないこと。結果が出る時期には多くの要因が絡むことを理解し、柔軟に対応しよう。

3. **結果が人生に及ぼす影響を、買いかぶらない。**「10キロやせたら、人生は万事よくなる」と考えることがあるが、そんな人は体重が減り始めても素晴らしいことが起こらないと、がっかりしてしまう。結果を買いかぶり、想像をふくらませすぎていたからだ。

見えにくい進歩もある、と心得よう

セラピスト仲間と一緒に、子育て中のグループをサポートしていたことがある。参加者はおおむね就学前の子どもを持つ人たちで、共通の悩みは、子どものかんしゃくだった。言うまでもないけれど、幼い子はほしいものが手に入らないと、地面に倒れて泣き叫び、足をばたばたさせることで知られている。

そこで、プログラムの一環として、「子どもが気を引くために取る行動は、無視することと」と親たちに伝えていた。「こうした行動は、よくなる前に悪化することがあります」と注意しておいたのだ。だが、親たちの多くは「無視しても効果がない」と思い込んだ。「なぜ効果がないと思ったんですか?」と尋ねると、親たちは言った。「前よりうるさく泣き叫ぶようになったんだ」「地面から起き上がると、ダッと走ってきて、またバタッと倒れて、目の前でかんしゃくを起こし続けたのよ!」

親たちがわかっていないのは、無視が効いている、ということ。「もう言いなりにはならない」というメッセージを受け取ったからこそ、抜け目ない4歳児は、ゲームのハードルを上げたのだ。「ちょっと泣いても、ママもパパも聞いてくれないのね。だったらもっとうるさく叫びつづけたら、ほしいものをくれるはずよ」。つまり、親が根負けするたびに、子どものかんしゃくはひどくなる。でも、毅然とした態度で無視し続ければ、子どもたちは「かんしゃくを起こしても、ほしいものは手に入らない」と学ぶだろう。だから、親を安心させる必要があるのだ。「子どもの行動がひどくなったからといって、しつけが効いていないわけじゃありませんよ」と。

目標にたどり着く道は、まっすぐだとは限らない。よくなる前に悪化することもある。それでも、長期的な目標を忘れなければ、広い視野に立つことができる。新たなビジネスを立ち上げるにしろ、瞑想を学ぶにしろ、目標に向かって歩みだす前に、進捗を評価する方法を考えておくこと。たとえば、次の問いを自分に投げかけてみよう。

・取り組みが効果を上げている、と知る方法は？
・初期の目標を達成する、現実的な期限とは？
・1週間、1ヵ月、半年、1年で期待できる、現実的な結果とは？
・目標に向かって順調に進んでいる、と知る方法は？

喜びを先送りする訓練をしよう

喜びを先送りするのが得意な人と下手な人がいるような気がするけれど、そんなことはない。誰もが、すぐ手に入る喜びにおぼれがちなのだ。すぐ手に入る喜びは、心身の健康やお金、依存症にまつわる多くの問題を引き起こしている。ダイエット中なのについクッキーをほお張ってしまう人もいれば、人生に数々の問題をもたらすお酒をやめられない人もいる。人生のある分野では喜びを先送りできるのに、ほかの分野ではできない人もいる。

ルディ・ルティガーもその一人だ。彼の感動的な半生は1990年代に『ルディ／涙のウイニング・ラン』という映画になった。負け犬がひたむきな努力で夢をかなえる、最高の物語だった。14人きょうだいの3番目に生まれたルディは、名門のノートルダム大学入学を夢見ていた。だが、失読症で成績が振るわず、3度も門前払い。そこで隣接するホーリー・クロス大学に入学し、2年間猛勉強して、1974年にようやくノートルダム大学に編入した。

フットボールチームに憧れたけれど、身長168センチ、体重75キロでは、話にならない。それでも全学生に選抜テストを受けるチャンスがあったので、何とか練習用のチームに入ることができた。これは、代表チームをサポートするためのチームだ。そこでひたむきに努力したルディは、コーチやチームメイトの信頼を勝ち得ていく。そして、4年生の最後の試合で、最後の数分間だけ、ディフェンスとしての出場を許されるのだ。練習でいつもそうしていたように、持てる力のすべてを試合にぶつけ、相手チームのクォーターバックに見事なタックルを決めるルディ。誇らしげなチームメイトに肩車され、観衆がルディ！　ルディ！　ルディ！　とコールする中、彼はフィールドを去っていく。

誰の目にも、ルディは喜びを先送りできる人のように見える。だが彼も、すぐ手に入る喜びに免疫があるわけではなかった。「ルディ」という名のスポーツドリンクの会社を立ち上げたのだが、2011年に証券詐欺の疑いで告発された。証券取引委員会によると、ルディを含む同社のオーナーたちは、売り上げを水増しした粉飾決済をしていた。株価をつり上げ、高値で売却するためだ。彼は罪を認めなかったが和解に応じ、30万ドルを超える罰金を科された。

かつてはひたむきな努力でヒーローともてはやされた男が、わずか数十年後に、一獲千金を狙う犯罪に手を染めてしまった。ルディの物語は教えてくれる。たとえ人生のある時期に、不屈の精神を持っていても、別の時期や別の分野では、あっさりと負けてしまうこともある。すぐ手に入る喜びに手を出さないためには、常に目を光らせる必要があるのだ。あわてて結果を出そうとせず、喜びを先送りするコツをいくつか紹介しよう。

1. 常に目標に目を向ける。 投げ出したい気分のときも、モチベーションを保つには、常に最終目標を心に刻むこと。目標を忘れないよう、いろいろ工夫しよう。達成したいことを紙に書いて壁に貼ったり、パソコンのスクリーンセイバーにするとよいだろう。毎日、目標を達成した自分をイメージするのも、モチベーションを保つ助けになる。

2. 節目節目にお祝いをする。 最終目標を達成するまで、お祝いしてはいけないわけじゃない。むしろ、短期的な目標を設定し、達成するたびにお祝いしよう。家族と食事に出かけるようなささやかなお祝いでも、自分の進歩を認める助けになる。

3．**誘惑に負けない計画を立てる。**すぐ手に入る喜びに負ける可能性は、いくらでもある。減量中の人もお菓子を見かけるだろうし、予算を守ろうと努力していても、素敵なものやぜいたく品が手招きするだろう。誘惑に負けないよう、前もって計画を立てておこう。

4．**焦りや苛立ちには、健康的に対処する。**時には、「続けるべきだろうか？」と疑問を感じ、投げ出したくなることもある。でも、腹が立ったり、がっかりしたり、いらいらするからといって、やめてはいけない。そうした感情に健康的に対処する方法を見つけよう。それも、プロセスの一部だから。

5．**マイペースでいく。**何に取り組んでいるにせよ、すぐに結果を求めていたら、燃え尽きてしまう。マイペースでいこう。そうすれば、目標に向かってこつこつ歩んでいける。ゆっくり着実なペースで進むことの大切さを学べば、忍耐強くなれる。ほしいものを急いで手に入れようと焦るのではなく、正しい方向へ進んでいける。

「すぐに結果を求める習慣」をやめれば、強くなれる

ジェームズ・ダイソンの旅は、1978年に始まった。自宅の掃除機の吸引力がすぐ落ちてしまうのにいらいらした彼は、「もっと性能のよい掃除機を開発しよう」と決意した。紙パックではなく遠心力を使って、空気とごみを分離するのだ。そして5年間、試作品づくり

に没頭し、5000個を超えた頃、ようやく満足のいく商品ができた。

だが、ダイソンの旅は、ここからが本番だった。ライセンス契約を結んでくれるメーカーを何年も探したが、興味を示す企業はなかった。そこで自ら製造工場を建て、1993年、ダイソンの掃除機は初めて世に出た。商品コンセプトの誕生から15年が過ぎていた。とはいえ、彼の努力はたしかに実を結んだ。ダイソンは英国で最もよく売れた掃除機となり、2002年には、英国家庭の4軒に一軒がダイソンの掃除機を持つに至ったのだから。

ジェームズ・ダイソンが、一夜にして成功するつもりだったら、とっくの昔にあきらめていただろう。だが、彼の忍耐と根気が成功をもたらした。30年以上たった今、ダイソンは67カ国で掃除機を販売し、毎年100億ドル以上の売り上げを上げている。

持てる力を100パーセント発揮したいなら、目の前の誘惑に耐える意志の力が必要だ。あとでさらによいものを手にするために、今ほしいものを先送りする能力は、成功を後押ししてくれる。研究で、次のことが明らかになっている。

・学業での成功を予測するなら、IQよりも自制心のほうが重要だ。
・自制心の強い大学生は、自尊心と成績平均値が高く、過食症やアルコール依存症になりにくく、対人能力も高い。
・喜びを先送りする能力があれば、うつ病や不安を抱えにくい。

・自制心の強い子どもは、心身の健康問題、薬物乱用問題、犯罪を起こしにくく、大人になると経済的に安定しやすい。

目標が、来年の旅行のための貯金であれ、わが子を責任感ある大人に育てることであれ、現実的な期待をはぐくもう。今日明日に結果を求めてはいけない。長期的な視野に立って努力しよう。そうすれば、目標達成の可能性も高まるだろう。

必要な時間をしっかりとかけよう！

あなたにとって、人生のある分野で現実的な期待を抱くのは、そう難しくないかもしれない。「卒業してしっかり稼げるようになるまで、何年もかかる」と理解した上で、大学に戻ったり、「30年かけて増やそう」と、老後の資金を貯めることはできるかもしれない。でも、今すぐ結果がほしい分野もあるはずだ。たとえば、結婚生活の改善は今すぐでないと気がすまないし、医者から忠告されても、好物を手放せないかもしれない。

人生のどの分野をどう改善できるか、考えてみよう。そして、ゆっくりと着実に進歩するために、必要なスキルを身につけるといい。

訳者あとがき

著者エイミー・モーリンは23歳のとき、くも膜下出血で突然母親を亡くし、ようやく立ち直りかけた３年後に、今度は心臓発作で最愛の夫を失った。悲しみと怒りにのたうち回りながらも、新しい人生を歩む決心をして、少しずつ前を向いた。

本書は、そんなエイミーが崖っぷちの自分を支えようと作成した「メンタルの強い人たちがしない13のこと」というリストを書籍化したものだ。心理療法士としての経験と個人的な体験から生まれたこのリストは、彼女のブログから爆発的に広がり、数日後には『フォーブス』誌のウェブ版に転載され、瞬く間に１０００万人以上の読者を獲得した。書籍も本国はもとより２０１５年に出版された日本語版も好評を博し、今回、新書版を刊行する運びとなった。

13章から成る本書は、各章で「メンタルが強い人がやめた習慣」を1つずつ取り上げている。ハッとさせられるのは、どの習慣も飲酒や喫煙といったいかにもな悪癖ではなく、一見どうってことない「心のクセ」だということ。けれど、各章に登場するエイミーの患者さんたちを見ていると、そんな小さな心のクセが、どれほど私たちの人生の邪魔をしているかがわかる。彼らが悪しき習慣を手放して、人生の手綱を取り戻していく姿に、読者は実感するだろう。13の習慣をやめれば、メンタルの力がはぐくまれ、どんな運命にもしなやかに対処できるようになる、と。

ただし、本を読んだからといってメンタルの力は強くならない、と著者は断言している。何事も訓練が大切。身体を鍛えなければ体力が衰えるように、心の筋肉をつけ、維持して行くには、メンテナンスが欠かせないのだ。

本書を読むときには、ぜひ紙とエンピツを用意してほしい。随所にメンタルの力をはぐくむコツがちりばめられているので、読み飛ばすのではなく実践してみてほしい。晴れやかな気分で過ごす時間が増えるのは、私も体験済みである。その時間を目標達成に費やせば、人生は大きく変わっていくだろう。

この本と出会って、心のクセを手放し、軽やかに人生を歩む人が増えますように！　何をし、何を考え、何を感じるのか、すべて自分で選んでいいのだ。

長澤あかね

本書は、2015年8月に弊社より刊行された
『メンタルが強い人がやめた13の習慣』を
新書化したものです。

エイミー・モーリン

メイン州のニューイングランド大学でソーシャルワークの修士号を取得。ハーバード大学のジャッジベーカーチルドレンセンターをはじめ、学校、コミュニティ、病院などでサイコセラピストとしてキャリアを積む。現在も子どもから大人までを対象にセラピーを行うと同時に、ノースイースタン大学の講師、複数の大学のサイコセラピストを務める。デビュー作である本書はベストセラーとなり、30ヵ国で出版された。ライター・講演家としても活躍中。フロリダ州在住。

長澤あかね

関西学院大学社会学部卒業。広告代理店に勤務したのち、通訳を経て翻訳者に。訳書にダン・ライオンズ著『スタートアップ・バブル　愚かな投資家と幼稚な起業家』(講談社)、エミリー・ワプニック著『マルチ・ポテンシャライト　好きなことを次々と仕事にして、一生食っていく方法』(PHP研究所)などがある。

講談社＋α《プラスアルファ》新書　818-1 A

メンタルが強《つよ》い人《ひと》がやめた13の習慣《しゅうかん》

エイミー・モーリン

長澤《ながさわ》あかね　訳

2019年10月17日第1刷発行

発行者―――――　渡瀬昌彦

発行所―――――　株式会社 講談社

東京都文京区音羽2-12-21 〒112-8001

電話　編集(03)5395-3522

販売(03)5395-4415

業務(03)5395-3615

デザイン――――　鈴木成一デザイン室

カバー印刷―――　共同印刷株式会社

印刷・本文データ制作　豊国印刷株式会社

製本―――――　株式会社国宝社

定価はカバーに表示してあります。

落丁本・乱丁本は購入書店名を明記のうえ、小社業務あてにお送りください。

送料は小社負担にてお取り替えします。

なお、この本の内容についてのお問い合わせは第一事業局企画部「＋α新書」あてにお願いいたします。

ISBN978-4-06-517566-8

講談社+α新書

50歳を超えても脳が若返る生き方
加藤俊徳
寿命100年時代は50歳から全く別の人生を！今までダメだった人の脳は後半こそ最盛期に!!
880円 798-1 B

99%の人が気づいていないビジネス力アップの基本100
山口博
アイコンタクトからモチベーションの上げ方まで。「できる」と言われる人はやっている
860円 799-1 C

NYとワシントンのアメリカ人がクスリと笑う日本人の洋服と仕草
安積陽子
マティス国防長官と会談した安倍総理のスーツの足元はローファー…日本人の変な洋装を正す
860円 785-1 D

もう初対面でも会話に困らない！口ベタのための「話し方」「聞き方」
佐野剛平
『ラジオ深夜便』の名インタビュアーが教える、自分も相手も「心地よい」会話のヒント
800円 787-1 A

古き佳きエジンバラから新しい日本が見える
ハーディ智砂子
遥か遠いスコットランドから本当の日本が見える。ファンドマネジャーとして日本企業の強さも実感
860円 808-1 C

日本への警告　米中ロ朝鮮半島の激変から人とお金が向かう先を見抜く
ジム・ロジャーズ
日本衰退の危機。私たちは世界をどう見る？新時代の知恵と教養が身につく大投資家の新刊
900円 815-1 C

働く人の養生訓　あなたの体と心を軽やかにする習慣
若林理砂
だるい、疲れがとれない、うつっぽい。そんな現代人の悩みをスッキリ解決する健康バイブル
840円 779-1 B

夫婦という他人
下重暁子
67万部突破『家族という病』、27万部突破『極上の孤独』に続く、人の世の根源を問う問題作
780円 794-1 A

妻のトリセツ
黒川伊保子
いつも不機嫌、理由もなく怒り出す――理不尽極まりない妻との上手な付き合い方
800円 800-1 A

夫のトリセツ
黒川伊保子
話題騒然の大ヒット『妻のトリセツ』第2弾。夫婦70年時代、夫に絶望する前にこの一冊
820円 800-2 A

人生後半こう生きなはれ
川村妙慶
人生相談のカリスマ僧侶が仏教の視点で伝える、定年後の人生が100倍楽しくなる生き方
840円 802-1 A

表示価格はすべて本体価格（税別）です。本体価格は変更することがあります